W0371298

FRANCO PACE

SEGELN DURCH JAHRHUNDERTE

TRADITIONELLE
SEGELSCHIFFE
AUS HOLZ

Deutsche Bearbeitung
Svante Domizlaff

DELIUS KLASING VERLAG

Die Deutsche Bibliothek – CIP-Einheitsaufnahme
Pace, Franco:
Segeln durch Jahrhunderte: traditionelle Segelschiffe aus Holz/Franco Pace.
[Aus dem Ital. von Svante Domizlaff]. Bielefeld: Delius Klasing, 1996
ISBN 3-7688-0950-1
NE: HST

ISBN 3-7688-0950-1

© Copyright by Delius, Klasing & Co., Bielefeld
Schutzumschlaggestaltung: Buchholz/Hinsch/Hensinger, Hamburg
Innenlayout: Ekkehard Schonart
Fotos: Franco Pace
Texte: Franco Pace, bis auf Kapitel „Segler der Ostsee" und „Skûtsjes":
Svante Domizlaff, Hamburg
Druck: Editoriale Libraria, Triest
Printed in Italy 1996

Alle Rechte vorbehalten! Ohne ausdrückliche Erlaubnis des Verlages
darf das Werk, auch nicht Teile daraus, weder reproduziert,
übertragen noch kopiert werden, wie z.B. manuell oder mit Hilfe
elektronischer und mechanischer Systeme
inklusive Fotokopieren, Bandaufzeichnung und Datenspeicherung.

INHALT

EINLEITUNG

Die Geschichte der kommerziellen Segelschiffahrt endet im Bewußtsein der meisten Menschen mit dem Verschwinden der großen rahgetakelten Tiefwassersegler, im Volksmund „Windjammer" genannt. Als 1957 die Viermastbark Pamir *in Folge einer verrutschten Getreideladung im Hurrikan bei den Azoren kenterte, war das Kapitel frachtfahrender Großsegler endgültig abgeschlossen. Seither sind Windjammer nur noch große Schul-, Passagier- und Operettenschiffe unter Segeln.*
Von der Öffentlichkeit weitgehend unbemerkt, haben hingegen an den Küsten aller großen schiffahrttreibenden Nationen zum Teil jahrhundertealte Typen segelnder Berufsfahrzeuge überlebt. Sie waren vielerorts noch bis in die Zeit nach dem Zweiten Weltkrieg so zahlreich, daß sie eben gerade deswegen kaum wahrgenommen wurden. Ihre Segel strahlen nicht in Wolkenweiß, ihre Masten ragen auch nicht rahgetakelt turmhoch in den Himmel, ihre Laderäume duften weder nach Rum, noch nach Gewürzen oder Tee, unter ihrem Kiel liegen keine blauen Tiefen, und sie tragen auch keine heroischen Namen wie Thermopylae, Champion of the Sea *oder* Preussen.
Ganz im Gegenteil. Sie segeln unter notdürftig geflickten, oft braun gelohtem oder geteertem Tuch durch die Jahrhunderte. Ihre Spieren sind grob gehobelt und klappen praktischerweise vor jeder niedrigen Brücke zusammen. Ihre Laderäume duften bestenfalls nach Heu, vornehmlich aber stinken sie nach Dung, Torf und Tang. Die meisten dieser Segler sind ohne Kiel gebaut, statt über blaue Tiefen schlurfen ihre Rümpfe durch Schlick und Sand. Und die Bezeichnungen für diese Typen kann kaum jemand aussprechen: „Gleóiteog" und „Gozzi", „Gommier" oder „Galeass".
Wie kommt einer dazu, über dieses wunderliche Sammelsurium besegelter Gebrauchsfahrzeuge einen Hochglanz-Fotoband im Großformat zusammenzustellen und runzlige, abgearbeitete alte Holz- und Eisenrümpfe wie Pin-up-Mädchen auf Doppelseiten zu präsentieren?
Es muß einer sein wie der italienische Segler und Fotograf Franco Pace. Er ist aufgewachsen in der großen maritimen Tradition der Stadt Triest und seit der Kindheit umgeben von Booten und Schiffen der Adria und aus Übersee, die das Meer täglich von neuem in den Hafen spült. Er ist ein Autodidakt, dessen fotografisches Talent, von keiner Schule verwässert, Land und See optisch nicht als Gegensatz, sondern als Einheit begreift und der sie in seinen Bildkompositionen entsprechend verbindet.
Im Mittelpunkt aber stehen die von menschlichem Genius unter oft einfachsten Bedingungen geschaffenen Boote und Schiffe.
Der traditionelle Küstensegler ist ein Zwitter, mit dem Meer wie mit dem Land in gleicher Weise verbunden. Den einen Teil seines Lebens verbringt er bei Ebbe im Hafenschlick oder hoch auf den Strand gezogen, den anderen Teil im oft trügerisch flachen Wasser, von dem man allerdings weiß, daß hier die Kraft der Wellen und Strömungen tückischer ist als auf der hohen See. Das Küstensegelfahrzeug ist die Synthese von Land und See. Es ist der individuellen Erscheinungsform seines Reviers angepaßt, und zwar in so idealer Weise, daß es sich nicht nur unter fast allen Wetterbedingungen bewährt, sondern darüber hinaus einer bestimmten „dienstlichen" Zweckerfüllung entspricht, dem Fischfang, dem Warentransport, als Zoll- oder Lotsenkutter. Diesem Zweck verdankt es seine Existenz. Im Schiffbau gilt die Maxime „Form follows Function", die Form von Rumpf und Rigg entspricht der Funktion, die das Schiff zu erfüllen hat. In diesem Buch sehen wir, daß die Funktion eine Vielzahl unterschiedlicher Formen hervorgebracht hat. Wir sehen kleinere Boote und größere Schiffe, wir sehen schmale und breite, schnittige und plumpe Rümpfe, aber sie entsprechen alle auf perfekte Weise den an sie gestellten Revieranforderungen, fast wie Pflanzen, die sich im Laufe der Jahrtausende an eine ganz bestimmte, möglicherweise lebensfeindliche Umgebung assimiliert haben.
Die Boddengewässer Mecklenburg-Vorpommerns sind tidenfrei, flach und fischreich, doch bei Wind wegen ihres zwar nicht sehr hohen, aber dafür steilen Seegangs gefürchtet. Die Antwort der Fischer auf diese Verhältnisse ist ein seit weit mehr als einem Jahrhundert unverändert gebauter Typ: das Zeesenboot. Es verfügt über einen bauchig-runden und flachen, geklinkerten Rumpf mit kurzem Kiel, es ist seetüchtig und stabil, aber flach genug, damit das neben dem Boot treibende Netz vom Fischer leicht aufzunehmen ist.

Das Seerevier an der englischen Ostküste hingegen ist von hohem Seegang und starker Tidenströmung geprägt, und die Fischgründe liegen weit auf See. In diesem Revier ist die Smack zuhause.
Ihr schmaler, tiefgehender Rumpf mit steilem Steven und durchgezogenem Kiel verhindert Abdrift und sorgt für hervorragende Segeleigenschaften in den Hochseewogen, ihre große Segelfläche für genügend Geschwindigkeit, den verderblichen Fang schnell in den Hafen zu schaffen.
Die Lagune von Venedig ist flach und windarm. Die Vela al Terzo, Segler mit dem merkwürdig verkürzten Dreieckssegel, die auf diesem Revier eingesetzt werden, haben einen leichten, schlanken, scharf geschnittenen Rumpf ohne eigentlichen Kiel. Das Boot läßt sich gut rudern und kommt schon bei wenig Wind in Fahrt. Weit achtern steht der Mast mit dem einzigen Segel. Das angehängte Ruderblatt ist so groß, daß es wie ein Kiel wirkt. Perfekter kann eine Form nicht der Funktion folgen.
Schließlich die tidenreichen Watt- und Flachwassergebiete von Nordsee, Elbe- und Wesermündung: stürmisch, im sechsstündigen Tidenwechsel in weiten Bereichen trockenfallend, bei Hochwasser kabbelig, auf See gefährlich rauh. Die Fischer von Finkenwerder trotzen diesem schwierigsten aller Reviere mit ihren Ewern, nicht zu rund, aber schwer gebauten Booten mit flachem Kiel für geringen Tiefgang. Für Kursstabilität sorgen große Seitenschwerter. Über Generationen entstanden die Ewer nach dem immergleichen Vorbild. Zu verbessern gab es nur Details, prinzipiell war und ist der Typ perfekt.
Und wie die Fischereifahrzeuge, so die Lastensegler: Leicht gebaut, scharf im Rumpf und einfach getakelt in den windarmen Regionen des Mittelmeeres und der Karibik, schlank, tiefgehend und schwer in den windreichen Gewässern rund um den Nordatlantik, füllig und flachgehend in den Watten- und Flußrevieren.
Im täglichen Leben der Menschen an der Küste spielten diese Schiffe eine bedeutende Rolle. Sie sorgten nicht nur für die Dinge des täglichen Lebens, sie waren oft auch das einzige Verkehrsmittel in einer weit verstreuten Inselwelt oder stark gegliederten Küste, an der es noch keine ausgebauten Verkehrswege gab.
Ihre Existenz war genauso unverzichtbar wie die der Kap Hoorn-Segler, aber sie waren Arbeitspferde, eine eigene Romantik gestand man ihnen nicht zu.
Nur selten waren Küstenfahrzeuge Motive für maritime Kunst. Kein Wortgewaltiger widmete ihnen epische Werke. Nur im reichen maritim-literarischen Werk des Schriftstellers Joseph Conrad, der in seinem Buch „Spiegel der See“ vom „heroischen Zeitalter“ der Segelschiffahrt spricht, spielen Küstenfahrzeuge eine kleine, zwar nicht heroische, aber doch bedeutende Rolle. Der TREMOLINO, *einer Vela al Terzo, einem Frucht- und Korkholzfahrer, auch Schmugglerschiff, ist im „Spiegel der See“ ein Kapitel gewidmet. Darin schreibt Conrad:*
„Das Schiff, das meine Wiege war, war am Flusse Savona von einem berühmten Schiffbauer gezimmert worden, getakelt hatte es ein anderer tüchtiger Mann in Korsika, und in seinen Papieren war es als Tartane von 60 Tonnen beschrieben. In Wirklichkeit war es eine richtige Balancelle mit zwei kurzen, nach vorn geneigten Masten und zwei gebogenen Rahen, die jede die Länge des Rumpfes hatten; sie war ein rechtes Kind der Lateinischen Meeres, ihre beiden riesigen Segel ähnelten den spitzen Schwingen am schlanken Rumpf eines Seevogels, und sie hatte wirklich etwas von einem Vogel, wenn sie so leicht über die Wogen dahinstreifte, statt sie zu durchschneiden... Ich schulde ihr das Erwachen meiner Liebe zur See!“
Im deutschen Sprachraum existiert nur ein einziges literarisches Werk über die Küstenschiffahrt: Autor Gorch Fock und sein Werk „Seefahrt ist not!“ sind zwar vielen Menschen noch ein Begriff, aber die Geschichte vom Ruhm und heroischen Untergang der Finkenwerder Fischewer-Flotte zu Anfang unseres Jahrhunderts wird kaum noch gelesen. Unendliches Leid brachte die Ewerfischerei in viele Familien, denn die Winterstürme der Nordsee holten sich regelmäßig ihre Opfer. So dichtete Gorch Fock über eine Erfahrung, die alle Küstenbewohner regelmäßig machen mußten, gleich ob sie an der Nordsee lebten, am Kanal, an der irischen oder nordamerikanischen Atlantikküste, wenn sie nur ihren Lebensunterhalt auf See verdienten:

Das hat uns der Südwest getan.../acht Kutter sind geblieben!/
Zwei Jahre Zinsen standen an,/die hat er eingetrieben.
Nun kommt das graue Trauerkleid,/nun schleichen Not und Sorgen,/der Finkenwerder Deich trägt Leid,/und grau ist unser Morgen.
Die braunen Segel hängen tot,/die Flagge will nicht wehen.../
Im Westen steht ein Abendrot,/das sieht uns stadtwärts gehen.

Im Kampf der Fischer gegen die Nordsee, die damals zu recht als „Mord“-See gefürchtet war, sah Gorch Fock ein Sinnbild für den Lebenskampf des Menschen ganz allgemein. Kein warnendes Wetterfax, kein geflügelter Rettungsdienst stand den Männern auf See zur Verfügung, nur ihre eigene Erfahrung, ein zäher Wille und ein gutes Schiff hielten sie am Leben.
So ist es kein Wunder, daß die Schiffe eine besondere Rolle in

den Lebensgemeinschaften an der Küste spielten. Sie waren Teil der Familien, fast wie lebendige Wesen.
In seinen Tagebuchblättern erwähnt Gorch Fock ein Wiedersehen mit dem alten Ewer seiner Familie, der zur Motorhulk abgetakelt im Hamburger Hafen lag: „Wandertag. An der Werft, neben der Landungsbrücke, lag H.F. 125 (H.F. für Hamburg-Finkenwerder), unser alter, treuer, guter Ewer. Ich war tief erschüttert, als ich ihn in Sicht bekam. Er sah mich mit seinen großen Klüsenaugen an und sagte langsam, ganz leise und wie im Traum: ‚Jan, Jan!... 'Kriet wi uns doch noch mal wedder to sehn?... Hebt ji mi noch ne gans vergetten?... Mit mi is nu ut, Ja, dat süst du woll...' Armer Ewer. Ein Stück von mir, ein Stück Kindheit, ein Stück Hoffnung, ein ganzes großes Stück meiner Seele ist der Ewer."
Ja, es sollte wirklich bald vorbei sein mit den Ewern. Gorch Fock schrieb diese Zeilen in der Zeit unmittelbar vor dem Ersten Weltkrieg. Die Eisenbahn, bessere Straßen, Lkws und Dampfschiffe übernahmen damals immer mehr die Aufgaben der Küstensegler. Die Zahl der Traditionssegler schwand, schien sich in der wirtschaftlichen Depression zwischen den Kriegen ein wenig zu erholen, um in den fünfziger Jahren bis auf wenige Ausnahmen vollständig zu verschwinden. Wie Pferd und Wagen an Land, war auf See das windgetriebene Küstenschiff nicht mehr gefragt.
Niemand konnte vorhersehen, daß Pferd und Segler nach nur wenigen Jahren eine so lebhafte Renaissance erleben würden, wenn auch zu einem weitgehend anderen, zumeist sportlichen Zweck.
Bereits Anfang der siebziger Jahren begannen in diesem und jenem Seehafen Stimmen laut zu werden, die darauf drängten die große Geschichte der traditionellen Küstenfahrt nicht zu vergessen und die wenigen noch in Schlick oder Schuppen vor sich hinrottenden Exemplare als schwimmende Zeitzeugen zu konservieren oder zu restaurieren und sie als Privatyachten oder Museumsschiff einem neuen Nutzen zuzuführen.
Tatsächlich gibt es eine nach wie vor wachsende Anzahl von Schiffsliebhabern, die dem glitzernden High-Tech-Yachtsegelsport wenig abgewinnen können und stattdessen der alternativen Schönheit historischer Gebrauchssegler verfallen. Hier steckt noch in jeder Planke Tradition, sind die groben Segel mit Schweiß und Tränen getränkt, ist die Schiffsgeschichte mit dem Schicksal vieler hart arbeitender Menschen verbunden. Hier läßt sich beim Um- und Ausbau noch selbst Hand anlegen und so das traditionelle Bootsbau- und Seemannshandwerk bewahren, wenn auch oft unter großen finanziellen Opfern.
So groß ist die Zahl der Oldtimer heute wieder an allen Küsten, daß die regelmäßigen Treffen zu interessanten, besonders touristisch attraktiven Veranstaltungen geworden sind. Im Mittelpunkt stehen oft Regatten oder Geschwaderfahrten, bei denen die Oldies beweisen können, zu welchen Geschwindigkeiten sie fähig sind, und die Crews demonstrieren, wie gut sie das Handwerk des Seemanns beherrschen. Doch längst auch spüren die Puristen unter den Traditionsskippern die Auswirkungen einer zunehmenden Kommerzialisierung, wenn die Yoles Rondes auf der Karibik-Insel Martinique großflächig für Supermärkte und Softdrinks im Segel werben, wenn Kutter und Schoner der Ostsee bis zum Topp mit Whisky- oder Computer- Reklame behängt sind, und die Kais am Hafen mit Crêpe-Stationen, Bierständen und Schwenkgrill-Anlagen zum Rummelplatz werden.
Franco Pace hat auf seinen Reisen aber auch solche Schiffe besucht, die bis zum heutigen Tage im Rahmen Ihrer ursprünglichen Bestimmung im Einsatz sind. Die Vela Latina an der Küste von Sardinien fahren immer noch zum Fischen hinaus auf See, die Austernkutter von Cornwall ernten die Muscheln noch immer ohne Motorhilfe, die Working Boats der Bahamas trifft man an vielen Stellen des flachen Archipels beim Fischen und dem Warentransport, und die Maine Schooner transportieren weiterhin Passagiere, wenn auch nur in der Ferienzeit.
Obwohl Pace eigentlich Yachtsegler ist und mit den großformatigen Aufnahmen eleganter Regattaschiffe seinen Ruhm begründete, erkennt man an den Fotos in diesem Buch, daß sich seine Liebe auf alle Segelfahrzeuge erstreckt. Auch die Arbeitsboote verfügen über wunderbare Linien, harmonische Riggs und oft ein erhebliches Geschwindigkeitspotential.
Dabei gelingt es Pace nicht nur, ihren individuellen Charakter zu zeigen, sondern sie in ihr spezifisches Heimatrevier einzubinden. Franco Pace ist der erste unter den bedeutenden Wassersportfotografen, der sich diesem Thema widmet. Die großen Vorbilder des maritimen Genres, die Rosenfeld in New York und die Beken in Cowes, haben sich in ihrem Werk fast vollständig auf die Fotografie von Yachten beschränkt. Gebrauchssegler kamen ihnen nur zufällig oder als Staffage vor die Linse.
Die Lastesel der Küstenmeere, die Klipper des kleinen Mannes, Franco Pace hat sie zum Leben erweckt.

Svante Domizlaff

HOOKER

Da, wo Irland am wildesten ist, an der felsen- und buchtenreichen Küste im Westen, habe ich versucht, den Charme eines besonders seetüchtigen Typs von Gebrauchsseglern mit der Kamera einzufangen: den irischen „Hooker". Diese kleinen Traditionsschiffe waren seit Anfang des 19. Jahrhunderts das wichtigste Verkehrsmittel an der Küste. Ihre Zahl begann sich erst mit Ausbruch des Zweiten Weltkrieges und dem Ausbau des Straßennetzes zu verringern.

Das Verbreitungsgebiet zieht sich über die ganze Atlantikküste hin, besonders in Connemara und in der Bucht von Galway findet man viele Schiffe. Das Land dort ist von wilder Schönheit, die steilen schwarzen Kliffs ragen oft 100 Meter aus dem Meer in die Höhe. Die sturmumtosten Hügel dahinter bestehen aus Fels und Steinen, an denen sich nur wenig Grün halten kann. So weit das Auge reicht kein Baum und kein Strauch.

Die Hooker, ursprünglich wohl Fischerboote, waren die Lastenesel der Region und transportierten nicht nur alle Arten von Gütern und Material, sondern auch Vieh und Menschen noch bis weit ins 20. Jahrhundert hinein. Zur Jahrhundertwende gab es eine bedeutende Flotte. Sie sorgte nicht nur für die Verbindung zwischen den Dörfern an der Küste, ihr Bau und ihr Unterhalt selbst waren ein wichtiger Wirtschaftsfaktor.

Zu den bedeutenden Produkten der Region gehörte Torf, der als Heizmittel Verwendung fand, und hauptsächlich von Hookern transportiert wurde. Als sich mehr und mehr Gasheizungen durchsetzten, verloren die Hooker ihre Ladung, und ihre Zahl reduzierte sich rapide.

Die Werften benötigten für den Bau eines Hookers keine Pläne, sie bauten wie eh und je nach traditionellen Erfahrungswerten mit Lärchenholzplanken auf Eichenspanten. Durch das schräge Heck und die starke Aufkimmung im Achterschiff reduziert sich der Kiel auf etwa zwei Drittel der Gesamtlänge. Der massive, leicht gerundete Steven und der sehr bauchige Rumpfquerschnitt sind typisch für den Hooker. Der starke Mast, an dem eine steile Gaffel gefahren wird, hat etwa Schiffslänge. Er steht auf einem massiven Eichenfuß auf dem Kiel. Das Foto rechts zeigt zwei verschieden große Hooker-Typen mit killenden Segeln vor dem Start zu einer Regatta.

SAINT PATRICK hat eine Länge von etwa 12 Metern und wurde 1911 von Padraig Casey gebaut. Sie gehört zu den größeren Hookers, die sich im Gälischen „Bád Mór" nennen und hat ihren Heimathafen in Dublin.

Man unterscheidet zwei Klassen von Hookern, die Bád Mór, etwa 11 bis 13 Meter lang, und die „Leath Bhád" von unter zehn Metern Länge. Um die Jahrhundertwende wurde wegen steigender Baukosten ein noch kleinerer, acht Meter langer, „Gleóiteog" genannter Typ populär. Schließlich gibt es noch eine Kategorie von „Púcán" genannten, offenen Booten, die nur Vor- und Großsegel fahren.

Auf der folgenden Doppelseite kämpfen zwei Gleóiteog Bord an Bord während der Regatta „Cruinniú na mBád", was übersetzt „Treffen der Boote" bedeutet. Diese Regatta wird alljährlich im August in Kinvara ausgetragen, einem kleinen Ort an der Südküste der Bucht von Galway. Die Veranstaltung erinnert an die Zeit, als im Sommer viele Hooker mit Torfladungen angesegelt kamen und mit unterschiedlichen Waren beladen wieder heimkehrten. Erinnert wird dabei auch an die Regatten der Fischer, die während der religiösen Feiertage ausgetragen wurden, besonders anläßlich des St. MacDara-Tages, des heiligen Schutzpatrons der Hooker-Segler.

Die Regatten waren schon damals hart umkämpft.

Aoife
saint patrick
saint patrick

AN MHAIGHDEAN MHARA

MACDARA

AN MHAIGHDEAN MHARA

Caroline Anne

Auf der linken Seite (oben) segelt eine 11 Meter lange Bád Mór mit Namen An Mhaighdean Mhara, ein Schiff, das übrigens noch heute gelegentlich im Torf-Transport beschäftigt ist. Die Aufnahme entstand unmittelbar nach dem Start. Das warme Sonnenlicht läßt erahnen, daß die Aufnahme am frühen Abend gemacht wurde. Wie so oft in Tidengewässern, richtet sich die Startzeit nach Ebbe und Flut, und so kann es manchmal recht spät werden.
Die Aufnahme darunter zeigt zwei Gleóiteog beim Kampf vor dem Wind, kurz vor dem Erreichen der Ziellinie. In den Gesichtern der Besatzung zeigt sich volle Konzentration. Unter dem Druck des Windes neigen sich die Masten nach vorn, Stagfock und Klüver stehen voll. Als Material für die Segel wurde früher in Eichenrinde gelohtes Baumwollmaterial verwendet, das für die typische rostbraune Färbung sorgt. Auch Teer diente zur Konservierung des Tuches. Heute wird hauptsächlich eingefärbtes Terylene-Tuch verarbeitet, die Unterschiede sind aus der Entfernung kaum zu erkennen.
Rechts oben sehen wir zwei Hooker-Crews beim Segelsetzen vor dem Start und darunter drei Boote beim Segelsetzen im Hafen. Die Häfen fallen während der Ebbe trocken, und die Hooker werden wegen ihres schmalen, tiefen Kiels mit Hilfe von Stangen, oder gegen die Hafenmauer gelehnt, aufrecht gehalten.
Die Aufnahme aus dem Mast läßt erkennen, welche Mengen von Ballast aus Steinen an Bord der Hooker gefahren werden. Man legt die Brocken wie Schüttgut einfach in die Bilge.
Die kleine Burg darunter, an der ein Hooker mit schwarz geteerten Segeln vorbeizieht, vermittelt nicht nur einen pittoresken Eindruck. Das Gemäuer erinnert auch an eines von vielen Märchen, das man sich an der Küste erzählt. So soll es einen ziemlich geizigen König gegeben haben, der einen Mönch, dazu einen Verwandten von ihm, der als Eremit auf einem Berg lebte, fast den Hungertod sterben ließ. In seiner Verzweiflung betete der Mönch, und plötzlich flogen die vollen Teller des Königs aus dem Schloß hinaus und geradewegs in die Höhle des Eremiten. Der König setzte zu Pferd hinter seinem Braten her, doch ein erneutes Gebet des Mönches ließ König und Pferd erstarren, so lange, bis der Mönch sich gelabt hatte. Der Abdruck des Pferdehufes ist auf einem Felsen bis heute zu sehen.
Irlands Westküste ist voller solcher Märchen und Geschichten. Der hier erwähnte Eremit Cill MacDuach gehört seither zu den lokalen Heiligen, seinem Andenken ist ein Kloster in der Nähe geweiht. Die Bád Mór, die wir auf der folgenden Doppelseite sehen, trägt den Namen Mac Duach, Heimathafen Kinvara. Das Schiff hat eine Länge von gut 13 Metern und wurde erst vor wenigen Jahren gebaut.

KINVARA

Im Hafen herrscht Ebbe, und geduldig warten die Segler der trockengefallenen Hooker auf die Rückkehr des Wassers. Deutlich ist zu erkennen, in welchem guten Zustand sich die Boote befinden, Rumpf und Deck sind frisch in Farbe, und auf den scharf geschnittenen, eleganten Linien der Unterwasserschiffe ist keinerlei Bewuchs zu finden.
Auf dem Bild links unten sehen wir Hooker verschiedener Größe bei den Vorbereitungen zum Start, und das Foto unten rechts erinnert an alte Zeiten:
Die aus Connemara und Claddagh nach Kinvara angereisten Boote haben Torf mitgebracht, der nun auf Karren umgeladen wird.
Rechts eine Gruppe von Jugendlichen beim Trainieren vor Beginn der Regattaserie.

Der Klüverbaum der Hooker mag ein wenig krumm sein, aber er erfüllt seinen Zweck. Auf der folgenden Doppelseite begegnen sich zwei Hooker unter vollem Segelpress noch vor dem Regattastart. Deutlich im Hintergrund zu sehen: die karge Landschaft der irischen Westküste.

VELA LATINA

Oft werde ich gefragt, wo es mir auf meinen vielen Reisen bisher am besten gefallen hat. Diese Frage ist natürlich schwer zu beantworten, denn ich kenne noch längst nicht alle schönen Reviere dieser Erde. Allerdings muß ich sagen, daß die Gewässer um die Mittelmeerinsel Sardinien auf der Skala einen Spitzenplatz einnehmen.
Unvergleichlich sind die türkise Färbung des Wassers, die in der Sonne rosa leuchtenden Granitfelsen in bizarren, von Wind und Wetter ausgewaschenen Formen und der würzige Duft aromatischer Kräuter im warmen Sommerwind.
Besonders der nördliche Teil der Insel, die Costa Smeralda, ist bekannt für eine rege Regatta-Tätigkeit und Heimat einer faszinierenden traditionellen Bootsklasse, der „Vela Latina“.
Alljährlich zum letzten Augustwochenende trifft sich eine wachsende Anzahl von Booten mit Lateinersegeln zu einer Oldtimer-Regatta in Stintino, einem kleinen Hafen an der Nordwestküste der Insel. 1983 hatte man sich hier zum ersten Mal versammelt. Damals war rund ein Dutzend motorisierter Arbeitsboote gekommen, die ihre traditionellen Segel aus Sicherheitsgründen behalten hatten.
Von diesem Tag an wuchs die Zahl der Teilnehmer rapide, bis auf zuletzt etwa 70 Boote. Aus allen Ecken der Insel kommen sie im August angesegelt, einige sogar aus so weit entfernten Gebieten wie Sorrent oder den Balearen.
Gestartet werden zwei Regatten, die eine führt über einen mit Tonnen ausgelegten Dreieckskurs, die andere ist eine Küstenregatta, die von Stintino zum Pelosa-Strand und zurück zur Hafeneinfahrt von Stintino führt.
Wie immer bei solchen Veranstaltungen, wird von den Mannschaften mit großem Ehrgeiz gekämpft. Die Chance, auf der Insel Segelruhm und -ehre zu erlangen, hat sogar den Bootsbau wieder angeregt. „Maestri d'ascia“, Meister der Axt, werden die Männer genannt, die den Bootsbau auf Sardinien als handwerkliche Kunst noch beherrschen.
Das Lateinersegel, es leitet sich vermutlich von „alla trina“ (dreieckig) her, gehört zu den ältesten Segelformen des Mittelmeeres und hat seinen Ursprung höchstwahrscheinlich in Arabien. Das Rigg ist ebenso einfach wie genial ausgelegt: Gefahren wird das Großsegel an einer aus zwei Teilen zusammengesetzten Stenge, die an einem relativ kurzen Mast hängt. Auf einen Großbaum wird verzichtet, die Schot hängt an einem losen Unterliek. Der Vorteil des Lateinersegels liegt auf der Hand: Mit der Lateinerpeitsche läßt sich ein Boot so hoch an den Wind bringen – etwa bis auf 45 Grad –, daß ein Aufkreuzen gegen den Wind problemlos möglich ist.
Ursprünglich war der Mast nur mit Wanten verstagt, während die Stenge mit einigem Aufwand bei jeder Wende nach Lee geholt werden mußte. Heute haben die Boote ein Vorstag, dazu ein Vorsegel, und man nimmt einen „schlechten“ Bug in Kauf, bei dem sich das Segel im vorderen Bereich bauchig um den Mast wölbt.
Veranstalter der Sardinien-Regatta ist der „Circolo Nautico Torres“, ein örtlicher Segelclub. Die Boote starten in drei unterschiedlichen Gruppen: die „Gozzi“ mit einer Länge von mehr als sieben Metern, die „Guzzette“ mit unter sieben Meter Länge, und die „Lance“, die an ihrem platten Heck zu erkennen ist. Für die Regattawertung hat man eine einfache Formel erarbeitet, die einen direkten Vergleich der unterschiedlichen Konstruktionen durch Zeitvergütung ermöglicht.
Unterschieden wird darüber hinaus noch in eine Veteranenklasse, also originale oder restaurierte Boote, die vor 1965 gebaut wurden, und in eine Klassik-Klasse, die der modernen Nachbauten. Als Baumaterial für Rumpf und Rigg ist Holz vorgeschrieben, ebenso die Anwendung traditioneller Baumethoden. Regatta-Hilfsmittel wie zusätzlicher Ballast im Kiel oder unübliche Versteifungen des Rumpfes sind verpönt.
Rechts sehen wir Boote der Gozzi-Klasse beim Runden der Wendemarke vor dem Strand von Pelosa.

Die Smaragdküste trägt ihren Namen zu Recht, wie die Wasserfarbe auf der vorhergehenden Doppelseite beweist. Die im Regattafieber angespannten Besatzungen haben bei dem relativ leichten Wind allerdings nur wenig Sinn für die Schönheit der Natur.
Oben auf der Seite segelt die GIUSEPPE PADRE *aus Carloforte, ein Boot, das zum Hummerfischen eingesetzt wurde. Die Carlofortini, als gute Segler berühmt, kamen ursprünglich aus Ligurien und besiedelten später die Insel San Pietro an der Südwestküste von Sardinien. Darunter Boote an der Mole von Stintino und rechts die* AIXIA *vor Pelosa, eine „Lancia", wie an den schmaleren Linien und dem platten Heck zu erkennen ist.*

Im Hintergrund der meisten Bilder auf diesen Seiten ist die Küste der Insel Asinara zu erkennen. Dort wurde 1885 ein Straflager eingerichtet, und die dortigen 45 Fischer- und Bauernfamilien mußten an die gegenüberliegende Küste umgesiedelt werden, wo sie Stintino gründeten. Mit weiteren Zuwanderern aus der Region Genua und von der Insel Ponza entstand hier ein wichtiges Zentrum für den Fang von Sardinen und Thunfisch. Erst seitdem kann man vom Beginn einer Seefahrtstradition in Sardinien sprechen. Bis dahin bestand die sardische Bevölkerung vornehmlich aus Bauern und Schäfern.
Die Boote mit den Lateinersegeln sind, trotz ihrer Starteinteilung nach Größe, keine Einheitsboote. Ganz im Gegenteil: In jeder Werft entstanden Boote mit unterschiedlichen Linien. Fachleute können am Riß erkennen, aus welchem Hafen ein Boot stammt.
Auf dieser Seite ein Bild der Barbara, *einer erst 1993 gebauten Guzzetta. Die andere Aufnahme zeigt eine Gruppe von Booten kurz nach dem Start. Gozzi und Guzzette haben ein Kanuheck. Deutlich zu erkennen ist, daß die Schiffstypen sich ähneln, doch Bug und Heck sind unterschiedlich ausgelegt. Das in Führung liegende Boot zeigt besonders rassige Linien und ein sehr effektives Rigg.*

Die Renaissance des Lateinersegels hat nicht nur eine enorme Bedeutung für die Seefahrtstradition der Insel Sardinien, sondern auch für den Bootsbau. Zwei sogenannte „Meister der Axt“ leben noch und sind in der Lage, diese Boote zu bauen. Aber es finden sich durch die Aktivitäten in Stintino mehr und mehr junge Leute, die diesen Beruf ebenfalls erlernen möchten.
In der Vergangenheit wurden die Boote ohne einen festgelegten Linienriß, einfach nach dem Gefühl und den von Generation zu Generation überlieferten Erfahrungswerten gebaut. Wie in anderen Ländern, war auch hier oft ein Halbmodell der Ausgangspunkt. Als Baumaterial mußte man nehmen, was nicht allzu schwer zu beschaffen war: Eiche für Kiel und Spanten gab es nicht, so bot sich Olivenholz an. Für Deck und Planken wählte man Pinie, ebenso für den Mast und die Stenge. Die Stenge oder Peitsche wird an einem „Sciunco“ genannten Fall vorgeheißt. Der vordere Teil der Stenge wird an zwei „Carri“ genannten Schoten gefahren.

Der Mast steht frei in einem Loch auf dem massiven Kielschwein. Wanten wurden früher bei Bedarf in Luv - geriggt, heute fährt man Wanten und Vorstag. Auch bei der Wahl des Segelmaterials hat man sich der Zeit angepaßt und nimmt heute Dacron statt Baumwolle.
Die Fotos auf diesen beiden Seiten zeigen neben einigen Regattamotiven bei leichtem Wind auch Details der Boote: links unten den unteren Teil des Mastes mit der aufgehängten Stenge und auf dieser Seite oben unterschiedliche Bugformen.
Auf der folgenden Doppelseite sehen wir Boote unterschiedlicher Größe während der Dreiecksregatta mit Kurs auf die Wendemarke.

SMACKS UND BAWLEYS

Als die typischen segelnden Fischereifahrzeuge der englischen Süd- und Ostküste gelten die Smacks und Bawleys. Ihre größte Verbreitung fanden sie zwischen dem Ende des 17. Jahrhunderts und dem Beginn des 20. Jahrhunderts, aber selbst heute sind diese Boote noch im Einsatz.
Die Smack ist ein Fahrzeug für die Küsten- und Hochseefischerei. Die heute verbliebenen Schiffe werden hauptsächlich für die Austernfischerei in Buchten und Flußmündungen eingesetzt, wo die große Muschel, vom Gezeitenstrom umfächelt, die besten Lebensbedingungen findet. Als Austernfischer werden vornehmlich die kleineren, bis zu 10 Meter langen Smacks eingesetzt, die zur Jahrhundertwende in großer Zahl gebaut wurden. Die verbesserten Verkehrsbedingungen hatten die Transportzeit von der Küste zu den Märkten in London erheblich verkürzt, und die Nachfrage nach frischer Ware stieg drastisch. Als Beifang gingen den Austernfischern auch Miesmuscheln ins Netz, die wirtschaftlich jedoch keine so große Bedeutung besaßen.
Smacks sind einmastige Gaffelkutter, die an einem langen, einziehbaren Bugspriet drei Vorsegel fahren. Charakteristisch für diesen Typ sind der steile, nahezu senkrechte Vorsteven und das stark abfallende Heck. Der Rumpf hat nur einen sehr geringen Sprung, ist recht schlank und verfügt über einen großen Tiefgang, der achtern deutlich größer ist als vorn. Die Masten sind leicht nach vorn geneigt, sehr hoch, mit einer Stenge verlängert und führen über dem Gaffelsegel noch ein Gaffeltoppsegel. Häufig gehört der Heimathafen mit zur Typbezeichnung (z.B. „Ramsgate Smack", „Wash Smack").
Die Bawleys haben etwa die gleiche Größe, wurden aber hauptsächlich in der Krabbenfischerei und für den Fang von Plattfischen eingesetzt. Bawleys tragen das gleiche Rigg und einen ebenso langen Bugspriet und unterscheiden sich von den Smacks lediglich durch eine gemäßigtere Linienführung.
Sie sind deutlich breiter konstruiert, ihr Bug ist nicht so scharf geschnitten, und das Heck eckig statt rund. Statt eines Ruderkokers fahren sie ein angehängtes Ruder. Das Großsegel wird in der Regel ohne Baum gefahren. Bawleys sind längst nicht so schnelle Segler, aber sie sind geräumiger und gutmütiger in den Segeleigenschaften.
Mit der steigenden Nachfrage nach Austern wurden schließlich immer größere Smacks gebaut, die über den Kanal hinüber an die französische Küste segeln konnten. Neben der Fischerei nahmen sie dabei auch Ladung an Bord, hauptsächlich Obst, Gemüse und Kohlen. Ihre hervorragende Seetüchtigkeit machte schließlich sogar den Einsatz als Rettungsboot möglich.
Daß die Smacks in verhältnismäßig großer Anzahl auch heute noch zu finden sind, hat mit den restriktiven Fischereigesetzen in England zu tun. Austern dürfen bis heute nur von unmotorisierten Booten unter Segeln gefangen werden. Damit sind sie vor einer kommerziellen, „motorisierten" Überfischung geschützt. Fangzeit sind die Wintermonate. Im Sommer hingegen werden Regatten gesegelt. In früheren Zeiten lagen die Smacks während des Sommers zumeist an Land, und die Besatzungen verdingten sich als bezahlte Hände an Bord der großen Rennyachten, die vor Cowes gegeneinander segelten.
Auf dem Bild rechts segelt die im Jahre 1902 in Brightlingsea, Essex, gebaute Bawley BONA. Die Aufnahme entstand während des alljährlich im Sommer veranstalteten Classic Boat Festivals in Shotley.

LO178
LO178

125
TELEGRAPH

Vorgehende Doppelseite: TELEGRAPH ist eines der typischen Arbeitsboote der englischen Ostküste: eine große Smack aus Boston, Lincolnshire. Deutlich erkennbar sind die Taljen, an denen der Bugspriet gefahren wird. Auf dieser Seite oben ist eine typische kleinere Smack zu sehen. Der relativ flache Rumpf mit dem steilen Steven, dem langen Bugspriet und dem leicht nach vorn geneigten Mast strahlt für ein Arbeitsboot eine überraschende Eleganz aus. Natürlich haben sich inzwischen Kunststoffsegel aus Dacron oder Terylene durchgesetzt. Das kleine Foto links zeigt noch einmal BONA, eine größere Bawley; bei halbem Wind führt sie die Regattaflotte an.

Smacks und Bawleys wurden, wie fast alle Arbeitsboote auf der Welt, über die Jahrhunderte ohne Baupläne gebaut. Als Vorbild diente ein Halbmodell, von dem die Linien abgenommen wurden. Als Baumaterial für den Kiel wurde Ulme genommen, für Spanten, Wrangen und Stringer Eiche, für die Beplankung Fichte, Pitch Pine für das Deck und Pinie für die Spieren.
Auf dem Foto links sehen wir die Smack Ellen. Während der Regatta hatte sich der Anker gelöst, und er mußte nun mit Hilfe einer Leine wieder eingefangen werden. Bei dieser Perspektive direkt von vorn ist die Lage des leicht neben das Stevenholz versetzten Bugspriets gut zu erkennen.

Auf dem Foto unten segelt eine jüngere Smack, die erst 1980 gebaute Ostrea Rose. Im Hintergrund passiert ein großes Containerschiff. Die Aufnahme entstand vor dem geschäftigen Hafen von Felixstowe an der englischen Ostküste. Tradition und Moderne stoßen hier besonders kraß zusammen.
Gut zu erkennen ist der aus Mast und Stenge zusammengesetzte, deutlich nach vorn geneigte Mast der Ostrea Rose. Gegenüber dem massigen, nur noch aus horizontalen und vertikalen Linien bestehenden stählernen Handelsschiff wirkt der filigrane Segler wie ein Lebewesen.
Folgende Doppelseite: Zwei Smacks bei leichter Brise nahe Shotley Point.

CK 222
CK222

YOLES RONDES

Auf der französischen Karibik-Insel Martinique ist ein Jollentyp zu Hause, den die Einheimischen „Yoles Rondes" nennen, ein im Vergleich zur Länge sehr schmales Boot, mit scharfem Steven und Heck, das ein rechteckiges Segel an einer Spiere trägt und von einem Riemen gesteuert wird.
Fast das ganze Jahr über werden mit diesen Booten von verschiedenen Häfen der Insel aus Regatten veranstaltet, wobei die im August veranstaltete „Tour", die in sieben Etappen um die Insel führt, die bedeutendste ist.
Die traditionellen Fischerboote von Martinique nennen sich eigentlich „Gommiers", nach dem Gummibaum, aus dessen Holz sie gebaut sind. Sie sind nicht viel mehr als besegelte Einbäume. Mit diesen Booten wagten sich die Fischer früher ein gutes Stück vor die Küste, und wenn Feste veranstaltet wurden, dann traten sie auch gelegentlich in Wettfahrten gegeneinander an. Aufgrund ihrer Konstruktion sind die Gommiers wahrlich nicht sehr seetüchtig, und sie können auch nur eine sehr geringe Segelfläche tragen. Das schränkte ihre Verwendungsmöglichkeiten ein, und so verschwanden sie mehr und mehr. Die Yoles Rondes traten an ihre Stelle.
Diese Boote werden, wie fast alle Arbeitsboote auf der Welt, ohne Pläne und ausschließlich nach Erfahrungswerten konstruiert und gebaut. Ende der sechziger Jahre zeigte sich bei den Yoles Rondes das gleiche Phänomen wie bei den Gommiers: Die Bootsbesitzer begannen, sich in Regatten zu messen. Inzwischen sind diese Wettfahrten so populär geworden, daß sie zu den touristischen Attraktionen der Insel zählen und lokale sowie internationale Sponsoren anziehen, die ihre Werbebotschaften oder Logos auf den Segeln unterbringen, auf Segeln, die in ihrer rechteckigen Fom an eine Plakatwand erinnern.
Der zunehmende Ehrgeiz hat dazu geführt, daß die Bootsbauer mehr und mehr auf Geschwindigkeit achten und mit verbesserten Segeln experimentieren.
Im Laufe der Zeit haben die Yoles Rondes an Größe zugenommen. Anfangs lagen sie im Durchschnitt bei 6,5 Metern Rumpflänge, heute sind die größeren unter ihnen schon 10,5 Meter lang. Man entschloß sich daher, um ein weiteres Wachstum zu verhindern und die Baukosten zu begrenzen, 10,5 Meter als oberstes Maß festzulegen. Früher war es auch nicht nötig, die Klassen einzuteilen. Heute wird zwischen den Grandes Yoles, den großen Jollen, und den Bébé Yoles, den Baby-Jollen von höchstens 6,3 Metern Länge, unterschieden. Nur die großen Jollen dürfen an der Tour um die Insel teilnehmen, die in Fort-de-France, im Haupthafen der Insel, gestartet und beendet wird. Die Teilnahme wurde inzwischen auf etwa 20 Boote limitiert. Die Organisation liegt in den Händen der Vereinigung der Yoles Rondes-Segler, die auch eine Teilnahmebeschränkung für die Tour de Martinique durchgesetzt hat. Damit will man ein Ausufern der Werbung unterbinden. Ohnehin tragen die Boote nicht mehr ihre ursprünglichen Namen, sondern die Namen von Sponsoren: Budget, Nissan, Monoprix...
Das Foto rechts zeigt eine Baby-Jolle vor dem Hafen von François an der Ostküste der Insel, wo die Mehrzahl der Boote zu Hause ist, und der oft kräftige Passatwind mit seiner hohen Dünung auf die ungeschützte Küste steht. Baby-Jollen gibt es seit 1984, ihre Besatzung muß aus mindestens sechs Personen bestehen. Dieser kleinere Bootstyp dient hauptsächlich dem Training für die großen Jollen, mit denen einmal im Jahr eine Meisterschaft ausgetragen wird. Die SUPER H wird von weiblicher Hand gesteuert, und auf den T-Shirts, die die Crew trägt, liest man auf französisch: „Frauen ans Ruder!"

SUPER H
D.D.J.S.
LES FEMMES A LA BARRE !

Vorhergehende Doppelseite: Wie an der Schnur aufgereiht sind die Boote während der Startphase einer Regatta. Deutlich erkennbar der schmale kanuartige Rumpf, das lose gefahrene Unterliek des Segels, die riemenartigen Stangen, an denen die Crew zum Trimmen nach Luv hinaus balanciert. Die Boote haben kein festeingebautes Ruder (was beispielsweise beim Anlanden am Strand hinderlich wäre), sondern werden von einem lose am Heck gefahrenen Ruderblatt gesteuert. Der Riemen läuft in einen Doppelgriff aus. Ein bißchen erinnert diese Konstruktion an Riemen und Dolle, mit deren Hilfe kleinere Boote in Nordeuropa gewriggt werden.
Links sehen wir, wie wichtig die Trimmstangen schon bei leichtem Wind sind. Die Damencrew der SUPER H muß sich mächtig ins Zeug legen, um das Boot mit seiner eindrucksvollen Segelfläche von 31 m² aufrecht zu halten. Oben sehen wir ATHON. Dies ist nicht nur der Name des Bootes, sondern auch der Spitzname des Eigners und Skippers und in diesem Falle auch des Erbauers der Jolle. Sein richtiger Name lautet Joseph Mas, und als ehemaliger Sieger der Tour de Martinique hat er einen Namen zu verteidigen. Ein Crewmitglied spritzt Wasser ins Segel. Dieser Brauch stammt aus der Zeit, als die Segel noch aus Baumwolle bestanden. Feuchte Segel zogen sich zusammen und hielten den Wind besser.
Die Masten oben rechts werden im Schatten gelagert und bestehen aus Bois Cotte, einem sehr zähen, auf Martinique wachsenden Holz. Auch die Boote werden meist an Land gezogen, wenn sie nicht im Einsatz sind.

Der Meister liegt in Führung: Joseph Mas mit seiner Athon *hat die Konkurrenz in Lee sicher im Griff (rechts). Dennoch kommt die ganze Spannung einer Regatta auf diesem Bild gut zum Ausdruck. Der Trimm des Bootes ist nahezu perfekt, das Segel steht ausgezeichnet, obwohl der Mast unverstagt ist und als Trimmöglichkeit nur die Stellung der Spiere verbleibt. Die Yoles Rondes werden hauptsächlich aus Poirier, dem Holz einer Birnbaumart gebaut. Nur der Kielbalken ist aus Angélique (dt. Angelly), einem seltenen Tropenholz, das aus Französisch-Guyana importiert wird.*
Heutzutage werden Yoles Rondes auch schon in Kunststoff gebaut und mit einem Hilfsmotor ausgerüstet. Aber die Gefahr, daß die Klasse durch modernes Gerät verfälscht wird, besteht nicht: Solche Boote sind nämlich zu Regatten nicht zugelassen, und das große Interesse an der Wahrung der ursprünglichen Tradition sorgt dafür, daß diese nicht verschwindet.

Zwei Crews trainieren miteinander im Schutz der Mangroven. Mannschaften, die ausschließlich aus Mädchen bestehen, sind recht verbreitet auf Martinique, und für sie werden eigene Regatten veranstaltet (links). Ansonsten ist der Terminkalender auf der Insel recht eng. Das ganze Jahr hindurch finden allmonatlich zwei bis drei Regatten statt.

Wichtig für den Erfolg ist bei diesem Jollen-Typ die Bootsbeherrschung, denn die Manöver bedürfen wegen des geringen Platzes im Boot und wegen der schmalen Bauform einer genauen Koordination. An Bord wird kein fester Ballast gefahren, einen Kiel gibt es ebensowenig, und der Freibord ist recht gering.

Auf der folgenden Doppelseite ist eine typische Regattaszene zu sehen. Während sich die Athon *bereits auf dem Kreuzkurs befindet, kommen ihr die anderen Boote noch mit weit aufgefierten Segeln auf dem Weg zur Leetonne entgegen.*

Für das Steuerruder gibt es, je nach Kurs, verschiedene Dollen am Heck. Wie Vögel auf der Stange sind die Mitglieder der Besatzung aufgereiht - und im Heck lernt bereits der Nachwuchs, wie man Yoles Rondes segelt.

BMH

AUSTERNFISCHER

Für jeden Segler ist der Anblick eines Falmouth-Arbeitsbootes von der englischen Südküste eine reine Freude. Diesen Gaffelkuttern mit ihren harmonischen Linien, dem langen, geraden Bugspriet und den wohlproportionierten Linien sieht man ihre guten Segeleigenschaften und ihre Seetüchtigkeit geradezu an. Dabei haben sich die Boote in den letzten 150 Jahren so gut wie nicht verändert. Sie sind das Gegenstück der Smacks von der englischen Ostküste.
Ihre Existenz haben die „Oyster Dredger", also „Austern-Bagger", genannten Boote dem Umstand zu verdanken, daß es in der Bucht von Falmouth gesetzlich verboten ist, Austern mit mechanischen Hilfsmitteln zu sammeln. Das heißt, nur Boote unter Ruder und Segel dürfen auf den Austernbänken eingesetzt werden. So soll die wertvolle Muschel vor Überfischung bewahrt bleiben. Bis zum heutigen Tage sind Austernfischer in den Wintermonaten Oktober bis Februar im Einsatz.
Die Größe der Flotte hat sich im Laufe der Jahrzehnte immer wieder verändert. Da die Auster außerordentlich empfindlich auf Krankheiten und Wasserverschmutzung reagiert, richtete sich die Zahl der Boote stets nach der Menge des Austernangebots. In den vergangenen Jahren hat dieser Schiffstyp jedoch auch bei Sportseglern eine immer größere Beliebtheit gefunden, und es bestehen gute Chancen, daß diese Arbeitsboote noch viele Jahre an der Mündung des River Fal zuhause sein werden.
Gebaut wurden die Boote stets in Holz, zwei Drittel des Rumpfes eingedeckt, 8 bis 10 Meter lang. Viele alte Austernfischer sind mittlerweile großartig restauriert worden. 1960 hatte die Flotte noch einmal einen erheblichen Schub bekommen, als plötzlich Boote in Kunststoff angeboten wurden. Eine ganze Reihe davon kam tatsächlich als Arbeitsboot zum Einsatz, aber der größte Teil ging an Sportsegler, die ihre Boote mit den besten Segeln versahen und yachtmäßig ausrüsteten. So begannen verschiedene örtliche Segelvereine, in den Sommermonaten Regatten zu organisieren, und 1979 gründete man die „Falmouth Working Boat Association" mit dem Ziel, diesen Bootstyp zu erhalten. Die Preise und Pokale bei den Regatten werden von Sponsoren gestiftet, vornehmlich von den Pubs am Hafen. Denn hier, von den Höhen der Küste gut zu überblicken, werden die Regatten ausgetragen.
Die Arbeit des Austernsammelns ist hart. Winterstürme und Winterkälte pfeifen auch in die einigermaßen geschützte Bucht von Falmouth hinein. Die Boote werden auf die Luvseite der Bucht gesteuert, die Großsegelschot gefiert (bei starkem Wind auch das Piekfall) und die kleine Fock backgeholt. Die etwa einen Meter breiten Netze, an deren Ende ein Kantholz hängt, werden über Bord gegeben, und das Boot driftet nun quer zum Wind, während das Netz über den Seeboden rutscht. Ist die Leeseite der Bucht erreicht, werden die Netze eingeholt, und das Boot kreuzt schnell wieder auf, um eine möglichst günstige Position gegenüber der Konkurrenz zu finden. Es ist naheliegend, daß Seetüchtigkeit und gutes Segelverhalten der Boote die Arbeit des Fischers erleichtern.
Auf dem Bild rechts sind zwei Working Boats bei der Arbeit zu sehen. Der Wind ist nicht sehr stark, daher muß das Piekfall nicht gefiert werden. Für einen Mann allein ist diese Arbeit ein Knochenjob, aber schon vor 150 Jahren hat man es nicht anders gemacht.

23
33

Vorhergehende Doppelseite: In den Sommermonaten werden Regatten gesegelt, der gute Zustand von Rumpf und Segeln der Flotte – die wir hier kurz nach dem Start sehen – erinnert wenig an Arbeitsboote und viel an Rennyachten.
Im Gegensatz dazu die von der täglichen harten Arbeit mitgenommenen Boote beim Austernfischen. Ein oder zwei Mann bedienen Boot und Netz. Der Fang wird auf einem Tisch verlesen, und die Reste kommen zurück ins Meer. Verwendet werden nur Austern, die eine gewisse Mindestgröße erreichen, die mit einem Ring gemessen wird.
Die einzigartige Landschaft Cornwalls, mit den hügeligen Wiesen und Knicks, ist typisch für die Bucht von Falmouth.

Die einen segeln Regatta, die anderen arbeiten – hart ist der Einsatz für beide.
Bei dem Blick von achtern ist besonders das tiefe Cockpit zu erkennen. Der Rumpf der Boote wurde früher von den Fischern selbst gebaut, meistens Pinie auf Eichenspanten. Heute gibt es eine Reihe von Werften, die diesen Typ auch in Kunststoff baut. Welche Bauweise sich durchsetzen wird, ist längst noch nicht geklärt, denn in den letzten Jahren geht der Trend wieder vermehrt zu Holzbooten.
Hauptabnehmer sind allerdings kaum noch Fischer, sondern hauptsächlich Sportsegler, die Touren segeln oder an Regatten teilnehmen.
Nur sie können sich so schöne weiße Segel leisten und eine Regattabesatzung von acht Mann. Hauptveranstaltung sind die „Falmouth Classics", an der Berufsfischer und Sportsegler gemeinsam teilnehmen, denn in den Sommermonaten wird kaum gefischt.
Auf der folgenden Doppelseite ist ein typisches Arbeitsboot zu sehen, Großsegel- und Fock geflickt, der Rumpf, obwohl noch gut in Farbe, von der Arbeit gezeichnet. Das Boot kreuzt zur Luvseite der Bucht auf, um dort die Netze über Bord zu werfen und sich vom Wind treiben zu lassen.
Die übernächste Doppelseite zeigt Renn-Kutter beim Kampf Bord an Bord während einer Regatta. Die Segel sind perfekt getrimmt. Die zerfledderten Bäume an der Küste signalisieren, daß wir es hier mit einem rauhen Revier zu tun haben.

23

MAINE SCHOONER

Das goldene Zeitalter der Schoner von der US-Ostküste lag in der letzten Hälfte des vergangenen Jahrhunderts. Damals fand man in allen wichtigen Häfen von Maine Dutzende dieser eleganten Zweimaster. Es waren Küstensegler, die Fisch, Waren und Passagiere schneller transportierten als Pferd und Wagen, denn an Land zwangen dichte Wälder, Flüsse, Seen und Sümpfe zu langen Umwegen. Ohnehin war das Land nur dünn besiedelt und der Weg über See allemal schneller.
Als zu Beginn des 19. Jahrhunderts Straßenbau und Eisenbahn Fortschritte zu machen begannen, wendete sich das Blatt. Die Schoner verloren an Boden, und in den dreißiger Jahren hatten sie das Rennen endgültig verloren. Immer mehr Schoner wurden aufgelegt oder abgewrackt, und dieses einst so wichtige Transportmittel wäre wohl ganz verschwunden, wenn sich nicht eine neue Perspektive aufgetan hätte. Der beginnende Tourismus versprach neue Aussichten, und tatsächlich war die Nachfrage so groß, daß ein Teil der schon arg dezimierten Flotte Beschäftigung im Charterdienst fand. Auf diese Weise konnten noch elf Schiffe gerettet werden, und es kamen sogar noch drei Neubauten hinzu, die wöchentliche Reisen mit Chartergästen entlang der stark zergliederten Küste von Maine unternehmen.
Die Länge dieser Segler liegt zwischen 64 und 112 Fuß, wobei noch einmal 20 Fuß für den Klüverbaum hinzugerechnet werden müssen. In der „Maine Windjammer Association" sind die Eigner und Skipper vereinigt und kümmern sich um eine gemeinsame Vermarktung.
Eine ganze Reihe von Veranstaltungen, die sich über den Sommer hinziehen, haben die Schoner zu Gast. Die wichtigste ist das „Große Schoner-Rennen" in Rockport, zu der nicht nur die Schoner, sondern auch andere Windjammer eingeladen werden. Die Regatta ist in vier Gruppen eingeteilt: in "Coasters", die vor dem Ersten Weltkrieg gebaut wurden, in die „Lee-Klasse", in der die moderneren Schiffe aufeinandertreffen, in die „Luv-Klasse" für die großen Schoner und eine „Besucher-Klasse", in der alle Oldtimer starten, die nicht Mitglied der Windjammer Association sind.
Der Schoner ist ein typisch amerikanisches Fahrzeug. Schon Anfang des 18. Jahrunderts erlebten sie mit den berühmten Gloucester- Fischerschonern aus Massachusetts einen frühen Höhepunkt. Gefischt wurde vornehmlich im Winter, im Sommer segelte man Regatten. Diese Wettkämpfe sind ein wichtiger Teil der amerikanischen Marinegeschichte. Am berühmtesten wurde der Schoner AMERICA, der, von New Yorker Geschäftsleuten gebaut, die gesamte britische Regattaflotte in ihren eigenen Gewässern schlug und dafür den „100 Guinea-Cup" gewann, der heute als „America's Cup" berühmt ist.
Auf dem Foto rechts sehen wir die beiden Schoner MARY DAY und BILL OF RIGHTS. Die MARY DAY wurde als Kielschwerter speziell für den Charterdienst konzipiert und 1962 gebaut. Sie hat eine Länge von 90 Fuß und eine Breite von 23 Fuß, dabei trägt sie eine Segelfläche von 4500 Quadratfuß (418,5 m²). Über einen eigenen Maschinenantrieb verfügt der Windjammer nicht, stattdessen wird in den Davits am Heck eine motorisierte Jolle mitgenommen, die beim Manövrieren helfen kann. Die BILL OF RIGHTS ist in Philadelphia beheimatet und wurde 1971 nach dem Vorbild eines Lotsenschoners gebaut. Sie ist 94 Fuß lang, gehört allerdings nicht zur Windjammer Association in Maine, sondern ist beim Great Schooner Race als Gastboot gemeldet.

MARY DAY

TS
US

92

Vorhergehende Doppelseite: Die Schoneryacht When and If ist zwar kein klassischer Maine-Schoner, aber als Gast herzlich willkommen. Das Schiff wirkt mit einer Länge von 64 Fuß für eine Yacht recht groß, für einen Schoner bedeutet das aber eher ein kleines Maß. Der Leuchtturm im Hintergrund steht am Ende der Hafenmole und bildet die eine Hälfte der Ziellinie beim Schooner Race von Rockport.
Foto oben: Wenn die Schoner an einem nebligen Morgen vor dem Hafen von Rockport zum Great Schooner Race aufkreuzen, dann erinnert die Atmosphäre sehr an die Zeit um die Jahrhundertwende. Im Vordergrund schiebt sich der Bug des Schoners Lewis R. French ins Bild.

Es ist das älteste noch existierende Schiff dieser Bauart und stammt aus dem Jahre 1871. Der Schoner transportierte fast ein Jahrhundert lang gesalzenen Fisch, Kohlen, Holz, Ziegel und sogar Weihnachtsbäume entlang der Küste. In den Jahren 1973 bis 1976 wurde der Segler vollständig überholt und ist heute ebenfalls im Charterdienst tätig. Streng verboten an Bord: Transistorradios und Kassettenrekorder.

Oben ein motorisierter Tender bei Fährdiensten. Tender werden an Bord mitgeführt, um den unmotorisierten Schonern beim Manövrieren zu helfen, daher auch der dicke Fender am Steven.

Auf der rechten Seite verschiedene Eindrücke vom Schoner-Treffen. Oben rechts eine Aufnahme der Mary Day. Die Angelique beim Ankeraufgehen. Dieser 95 Fuß lange Schoner wurde erst 1980 gebaut.

LEWIS R FRENCH

ANGELIQUE

Das Bild oben zeigt drei Schoner bei auffrischendem Wind während der Regatta. Es sind (vorn) die Grace Bailey, ein Küstensegler von 24 Metern Länge, 1882 in Patchogue, N.Y., gebaut. Er war lange beim Transport von Holz und Granit eingesetzt und segelte sogar bis in die Karibik. Zu Luv segeln Nathaniel Bowditch und J&E Riggin. Erstere wurde 1922 in East Boothbay, Maine, gebaut und zwar als Regattayacht von 82 Fuß Länge. In den zwanziger Jahren gewann sie sogar das Bermuda Race. Anfang der siebziger Jahre wurde sie zum Charterschiff umgebaut. J&E Riggin, ein Austernfischer, stammt aus dem Jahre 1927 und war berühmt für seine Geschwindigkeit. Darunter zwei Innenaufnahmen von Bord der Mary Day (links) und der Angelique.

Auf der rechten Seite noch einmal Mary Day und in Lee von ihr Bill of Rights. Die Innenaufnahmen darunter wurden an Bord der Heritage gemacht, einem 1983 gebauten Kielschwert-Schoner. 33 Gäste kommen an Bord unter, und im traditionellen Eisenofen wird mit Holz gekocht und gebacken. Auch dieses moderne Schiff kommt ohne Maschine aus.

Folgende Doppelseite: Schoner in der Bucht von Camden vor Anker, vorn der Austernfischer Isaac H. Evans, 1886 gebaut.

614
Reynolds FOIL

SEGLER DER BRETAGNE

Die Seefahrtstradition in Frankreich ist in vielen Aspekten auch heute noch sichtbar, und selbst Außenstehende erkennen beim Betrachten der Vielfältigkeit verschiedener Typen von Arbeitsbooten, welche Bedeutung die Seefahrt für die französischen Küstenregionen hatte und weiterhin hat. Fast jede Region hat ihren eigenen Schiffstyp hervorgebracht, und Kenner lesen an den Linien eines Schiffes sogar ab, aus welcher Stadt es stammt.

Der Grund für diese große Vielfalt ist die immense Küstenlinie Frankreichs am Mittelmeer, am Atlantik und im Kanal mit jeweils unterschiedlichen klimatischen Bedingungen, maritimen Traditionen und speziellen Anforderungen an Schiffstypen, die nicht nur regional begründet waren, sondern durchaus von Ort zu Ort differierten..

Die Fischerei hatte in allen Küstenregionen eine überragende wirtschaftliche Bedeutung und brachte, abhängig von der jeweiligen Meeresflora und -fauna, eine große Vielfalt von Fischereifahrzeugen hervor - für den Fang von Austern, Hummern, Sardinen oder Thunfisch waren spezielle Typen von Arbeitsseglern notwendig. Sie unterscheiden sich nicht nur in ihrer Größe, sondern besonders hinsichtlich der Gestaltung von Rumpf und Rigg.

So entstand bis zum Ende des letzten Jahrhunderts eine Flotte segelnder Fischereifahrzeuge, die in ihrer Vielfalt einzigartig war. Doch mit dem Beginn der Industrialisierung begann gleichzeitig deren Niedergang; die Technisierung des Fischfangs ließ auch die Vielfalt der Formen langsam verschwinden.

Diese Entwicklung betraf zwar auch andere europäische Länder, in denen sich der Niedergang der traditionellen Kleinschifffahrt zu Beginn dieses Jahrhunderts deutlich abzeichnete. Frankreich kann sich aber glücklich schätzen, trotz dieser allgemeinen Entwicklung vieles von seinem maritimen Erbe bewahrt zu haben. Die Pflege der Seefahrtstradition scheint hier viel breiter angelegt zu sein als in vergleichbaren Ländern, was man beim Besuch von Hafenstädten auf Schritt und Tritt beobachten kann.

So nimmt es denn nicht wunder, daß die regelmäßig stattfindenden Festivals in Douarnenez und Brest breite Unterstützung in allen Bevölkerungskreisen finden und europaweit Vorbildcharakter besitzen. 1996 waren in Brest rund 2500 Schiffe versammelt, einige kamen sogar aus Übersee.

Der besondere Ehrgeiz der Veranstalter ist, die Bootseigner in den vier Jahren, die jeweils zwischen einem Festival liegen, zu ermuntern, vorhandene alte Rümpfe möglichst originalgetreu zu restaurieren oder Repliken zu bauen, die mit ihren Linien und Riggs möglichst das genaue Abbild eines Veteranen ergeben. Das Resultat dieser Wettbewerbe war auch 1996 überwältigend: Wohl nirgendwo ist eine solche Vielfalt unterschiedlichster Schiffstypen anzutreffen, fast alle in hervorragendem Zustand, miteinander und gegeneinander segelnd und einzig zu dem Zweck versammelt, ein großes Fest der maritimen Tradition zu feiern.

Rechts LULU, ein gaffelgeriggter Fischer von 10 Metern Länge, 1990 gebaut, während der Regatta Brest - Douarnenez 1996.

PL 2190
43

PL4829

Vorhergehende Doppelseite: Nicht nur die traditionellen Fischerboote sind Teil des großen Erbes der Arbeitsboote. La Belle Angele, 1992 gebaut, ist die Replika eines Typs, der in Frankreich „Chasse Marée“ genannt wird, was soviel heißt wie „Jäger auf frischen Seefisch“. Diese schnellen Boote wurden gebaut, um zu den Sardinenfischern weit auf See hinauszufahren und den Fang so früh wie möglich auf den Markt zu bringen. La Belle Angele, Heimathafen Pont Aven, 25 Meter über alles, trägt drei Masten, von denen der Besan extrem weit am Heck angeordnet ist und darüber hinausragt. Die Aufnahme entstand vor einer Felsengruppe in der Anse de Camaret.
Links oben: Le Vieux Copain, ein Fischerboot von 30 Metern über alles, 1940 gebaut, Heimathafen Paimpol (links im Bild). Sie wird heute als Charterschiff eingesetzt. Daneben die Gaffelslup La Bergere de Domremy von 10 Metern Länge, die 1936 als Austernfischer gebaut wurde; Heimathafen Brest. Darunter eine Aufnahme von zwei „Cotre Langoustier“, Hummerfischern, unter voller Besegelung während einer Wettfahrt beim 96er Festival in Brest. Vorn die St. Guenole, 17 Meter lang, im Hintergrund die Sav-Heol, 15 Meter lang, 1958 gebaut.
Rechte Seite, von oben nach unten: Zwei in jüngster Zeit fertiggestellte Repliken sogenannter „Thonier Dundee“ den traditionellen Thunfischfängern, die sich gerade ein Rennen liefern. Vorn die Neire Maove und dahinter die Sant C'Hireg, Länge 25 m. Darunter sieht man Le Grand Legion, ein „Lougre“ mit traditioneller Besegelung, 20,7 Meter lang. Sie wurde 1992 gebaut und zeichnet geradezu perfekt die Linien der La Jeanne d'Arc von 1896 nach, die aus St.-Brieuc nahe Cap Fréhel stammte. Beim 92er Festival in Brest wurde die Legion für den perfektesten Nachbau ausgezeichnet.
Unten die Leier Eussa, ein Lotsenboot aus Ouessant, und ganz unten die Corentin. Ihr Rumpf mißt nur 17,20 Meter, doch die Länge über alles beträgt wegen des langen Bugspriets und des weit über das Heck hinausragenden Besans 32 Meter. Die Corentin ist ebenfalls ein Lougre und hat eine Segelfläche von 260 m². Auch sie ist eine Replika, die nach den Plänen der Aimable Irma, einem Lougre von 1840, gebaut wurde.
Folgende Doppelseite: An Eostig ist ein 13,5 Meter langer Arbeitssegler vom Typ „Sinagot“, 1993 in Douarnenez gebaut. Dieser Bootstyp, etwas kleiner als die An Eostig, war am Golf von Morbihan stark verbreitet, wo er wegen des geringen Tiefgangs zum Austernfischen in den flachen Gewässern eingesetzt wurde. Später baute man diese Sinagots in größeren Abmessungen, um mit ihnen in weiter entfernte Fanggründe segeln zu können. Dieser Typ war weit verbreitet, und schon früher traten die Fischer in Regatten gegeneinander an. In jüngster Zeit sind einige Repliken gebaut worden – alle im traditionellen Stil mit den klassischen dreieckigen Segeln, dem Großmast in der Mitte und dem weit vorn angeordneten Fockmast. Auffällig das extrem stark fallende Heck.

B 1993

914
AN EOSTIG

Klein, mit dennoch eleganten Linien, segelt dieser „Misainier", ein Küstenfischer mit Namen POURQUOI-PAS, 5,5 Meter Länge, 1940 gebaut, vor dem Leuchtturm „Point Minou" (links oben). Darunter: JEAN & JEANNE, ein weiterer Sinagot und erst kürzlich gebaut, bei einer frischen Brise in der Bucht von Brest.
Auf der rechten Seite: Mit guter Fahrt ein kleinerer Misainier namens LES FLOTS BLEUS (unten).
Gegenüberliegende Seite und oben: Die Eleganz der „Bisquines" ist unverkennbar, besonders, wenn sie unter guten Bedingungen ihre ganze Segelfläche tragen können. So beim Austernfang, speziell in der Bucht von Mont Saint Michel.
Oben ist LA GRANVILLAISE zu sehen, eine Replika, die unter tatkräftiger Hilfe der gesamten Bevölkerung im Städtchen Granville gebaut wurde und 1990 zu Wasser kam.
Gegenüberliegende Seite: LA CANCALAISE, ebenfalls eine Replika, die 1987 in der Stadt Cancale gebaut wurde, um am Festival 1988 in Douarnenez teilzunehmen. Sie symbolisiert die uralte Rivalität mit Granville, deren Bürger LA GRANVILLAISE gebaut hatten.
Folgende Doppelseite: Die MARIE-FERNAND ist ein typischer Lotsenkutter für den Einsatz im Englischen Kanal. Diese schnellen Segler brachten die Lotsen zu den großen Windjammern, die in den Kanal einlaufen wollten, und ihre gesamte Konstruktion diente nur dem einen Ziel: die Lotsen schnell und sicher überzusetzen. Gebannt verfolgen die Zuschauer oben auf den Klippen die Regatten.

CAN 87
CAN. 87
28

H23
826

H23

BAHAMA SLOOPS

Long Island ist ein Teil der Inselwelt der Bahamas. Diese Insel liegt weit im Süden des Archipels und damit ziemlich abseits der Touristengebiete, obwohl sie mit ihrem klaren, grün, gelb und blau schimmernden Wasser jeden touristischen Traum erfüllen könnte. Ihre Länge beträgt rund 180 Kilometer, und an der breitesten Stelle mißt sie immerhin 10 Kilometer.
Wer durch das Inselinnere fährt, findet hier und da noch Zeichen eines früher großen Wohlstands. Einst lebten hier die Arawak-Indianer. Erst im 19. Jahrhundert wanderten etwa 500 sogenannte „Loyalists" ein, Briten, die nach dem amerikanischen Unabhängigkeitskrieg keine Amerikaner werden wollten. Sie kamen mit den ursprünglichen Einwohnern gut aus. Zunächst versuchten sie, ihren Lebensunterhalt mit dem Anbau von Baumwolle und Zuckerrohr zu verdienen, auch Rinderherden gab es. Schließlich kamen zu Beginn unseres Jahrhunderts Ananas-Plantagen dazu. Im Laufe der Zeit aber verarmte die Bevölkerung, nachdem Schädlinge die Baumwollkulturen zerstört hatten.
Heute haben sich die letzten etwa 2000 Bewohner der Insel dem langsamen Lebensrhythmus der Karibik angepaßt. Ihr liebenswürdiger Charakter, die Musik, der Rum und die vielen religiösen Feste machen das Leben hier froh und sorglos.
Das vielleicht größte Fest der Insel fand meine besondere Aufmerksamkeit: die spektakuläre Regatta der typischen Arbeitsboote der Bahamas.
Diese Boote unterschiedlicher Größe beeindrucken durch ihren im Vergleich zur Länge recht breiten Rumpf, ihr gewaltiges Großsegel, hinter dem die kleine Fock kaum zu erkennen ist. Die Boote werden für den Personen- und Warenverkehr in dem teilweise sehr flachen Inselreich eingesetzt, besonders aber zum Fischen. Getrimmt wird mit Sandballast in Säcken, darüber hinaus kann die Mannschaft ihr Boot über eine nach Luv ausgebrachte Planke aufrecht halten.
Die Tradition, mit diesen Booten Regatten zu segeln, geht zurück bis in die letzten Jahre des vergangenen Jahrhunderts. Doch das Interesse schwand schnell wieder, um erst 60 Jahre später erneut aufzuflammen. Nun wurde die Veranstaltung ein großer Erfolg, und bald nahmen auch Boote benachbarter Inseln Kurs auf Long Island.
Die ausgesetzten Geldpreise sind zweifellos ein weiterer Anreiz. Zusätzliche Hilfe bei der Ausrichtung des Festes kommt aus der Bahama-Hauptstadt Nassau, wo sich die Long Island Association (eine Gesellschaft ehemaliger Bewohner der Insel) formiert hat, um der verarmten Heimat – besonders der Jugend – wohltätig unter die Arme zu greifen und für ihre Ausbildung zu sorgen.
Auf dem Bild rechts ist eine Gruppe von Booten hoch am Wind zu sehen. Sie segeln in der Bucht von Salt Pond (dt. Salzteich), die an eine der wichtigsten Erwerbsquellen der Region erinnert: die Herstellung von Salz. Ganz in der Nähe liegen die alten Salinen, die heute nach langer Pause wieder arbeiten. Das Salz wird in der herkömmlichen Weise durch die Verdunstung von Salzwasser unter der Tropensonne gewonnen.
Auf dem Foto lassen sich besonders die kurzen gebogenen Gaffeln der Großsegel erkennen, die sehr an die traditionellen Plattbodenschiffe der Holländer erinnern.
Heute werden Regatten für Bahama-Arbeitsboote zwischen April und Oktober (eigentlich die Hurrikan-Saison) auf allen größeren Inseln veranstaltet: auf Andros, Eleuthera, Exuma Cays und Abaco.
Gelegentlich werden zu den Regatten berühmte Sportsegler eingeladen; auch America's Cup-Gewinner Dennis Conner gehörte schon dazu. Eine Siegeschance haben die Zugereisten in den seltensten Fällen. Die einheimischen Skipper kennen nicht nur die Boote sehr gut, sondern natürlich auch das Revier und die Eigenarten der Konstruktion.
Eingeteilt werden die Boote bei Regatten in vier Gruppen: Klasse A umfaßt Boote über neun Meter Länge und 16 Mann Besatzung, Klasse B: Boote zwischen sieben und neun Metern und acht Mann Besatzung, Klasse C: Boote zwischen fünfeinhalb und sieben Metern mit fünf Mann Besatzung, und schließlich gibt es die kleinen Smacks für Dreimann-Crews.

16
Lady

Strahlend blauer Himmel, klares grünes Wasser - die Farbe deutet auf sandigen Meeresboden hin - und ein Workboat der kleinsten Art sehen wir auf dem Foto oben. Das Boot liegt in einer Bö schon ziemlich weit über, und es ist eigentlich Zeit für die Crew, auf die Planke nach Luv zu klettern und den kleinen Einmaster aufrecht zu trimmen. Die Aufnahme entstand in der Salt Pond-Bucht.
Auf dem Bild darunter arbeitet die Crew eines Klasse A-Workboats am richtigen Trimm. Bei halbem Wind wird der Segler möglichst aufrecht gefahren, um das Maximum an Geschwindigkeit zu erreichen.
Zum Trimmen werden oft Sandsäcke an Bord mitgeführt. Läßt der Wind im Verlauf der Regatta nach, wird der Sand über Bord gegeben und das Boot so geleichtert.
Es kommt auch vor, daß bei einer Flaute in der Nähe des Ziels zusätzlich die halbe Mannschaft ins Wasser springt.
Preisgelder werden fair unter der gesamten Mannschaft verteilt, auch wenn beim Zieldurchgang nur noch eine Rumpfcrew an Bord ist. Gesegelt wird meistens ein Dreieckskurs. Die Wendemarken sind teilweise ausgelegte Tonnen, teilweise natürliche Objekte im Wasser, wie zum Beispiel Steine. Der Zieldurchgang liegt in der Nähe des Strandes, so daß die Zuschauer auch etwas von der Sache haben.

Die beiden Hauptziele der Regatta von Long Island sind, Werbung für das Segeln zu betreiben und natürlich Spaß zu haben. Davon verspricht sich auch die lokale Boots-„Industrie“ einen Gewinn.
An dem aufgeslippten Boot lassen sich sehr gut die typischen Linien eines Workboats erkennen. Der Rumpf ist recht breit, das spricht für eine gute Anfangsstabilität, aber er ist, der Not gehorchend, zugleich sehr flach. Ein großer Teil der Bahama-Inselgewässer ist außerordentlich seicht und mit Korallen- und Sandbänken gespickt. Pläne für den Bau der Boote existieren nicht. Wie so oft bei Arbeitsbooten, gibt es nur Erfahrungen, die von Generation zu Generation weitervermittelt werden.
Beim Start einer Regatta, auf dem Foto rechts zu sehen, liegen die Boote vor Anker. Das Segelsetzen und Ankeraufgehen ist Teil des Wettbewerbs. Die Mannschaften versuchen, durch schnelles Ziehen am Ankertau dem Boot zu einem kräftigen Schwung zu verhelfen, so daß eine gute Ausgangsposition erreicht wird. Genügend Hände dafür sind ja vorhanden.
Die Aufnahme unten zeigt sehr gut die harmonischen Proportionen eines Workboats. Das Unterliek des Großsegels wird lose gefahren.

Vorhergehende Doppelseite: Unter dem vollen Druck seiner Segel marschiert ein Workboat unter Schmetterlingssegeln dahin. Zum Ausbaumen der Fock wird ein Stock mitgeführt. Deutlich erkennbar das nach Backbord ausgefahrene Brett zum Trimmen. Die Crew kann froh sein, daß sich in dem geschützten Gewässer der Inselwelt keine grobe See aufbaut, denn mit ihrem niedrigen Freibord sind diese Schiffe etwas anfällig. Besonders interessant: Der Vorstagspanner des Bootes aus Edelstahl dürfte kein klassisches Produkt der Bahama-Werften sein.
Die Aufnahme rechts zeigt ein Workboat bei frischem Wind. Alles was Beine hat, ist nach Luv geklettert, um den hart überliegenden Segler zu trimmen. Lebender Ballast ist unbedingt nötig, um so ein Boot optimal zu segeln, denn in dem flachen Kiel befindet sich kein Gewicht. Während einer Wende wird die Trimmplanke blitzschnell auf die andere Seite geschoben und sofort wieder besetzt. Bei dem Gedrängel von bis zu 16 Mann Besatzung pro Boot bedarf es dabei guter Koordination.

Mit ihrer gewaltigen Segelfläche und den flachbordigen Rümpfen erinnern die Bahama Workboats ein wenig an die Rennyachten der Jahrhundertwende in unseren Gewässern. Dieser Eindruck wird verstärkt durch den enorm langen Großbaum, der weit über das Spiegelheck hinausreicht, wie man auf dem Foto links sehen kann.
Diese beiden Boote kreuzen dicht unter der Küste auf. Der Spaß wird anstrengend, wenn die Boote, wie bei dieser Veranstaltung üblich, zur „großen Hochseeregatta“ starten, einem Kurs, der über 42 Seemeilen von George Town auf den Exumas nach Salt Pond auf Long Island führt. Daran nehmen allerdings nur die großen Boote der Klasse A teil.

Auf der folgenden Doppelseite ist eines der Klasse A-Boote während einer Bö zu sehen. Die Besatzung hängt, soweit es ihr möglich ist, auf der doppelten Trimmplanke in Luv. Ansonsten scheint aber eine sehr gelassene Stimmung an Bord zu herrschen. Trotz der harten Lage läuft das Wasser glatt am Rumpf vorbei, was durchaus für die Linien der Bahama-Slups spricht.

141

SEGLER DER OSTSEE

Die Ostsee mit ihren vielen Buchten und Inseln ist ein ideales Segelrevier, in dem eine Vielzahl von traditionellen Schiffstypen zu Hause ist. Für den Fotografen sind das klare Licht, die blaue See und die grünen Wiesen und Wälder, die hinter den Segeln leuchten, besonders reizvolle Motive. Um solche perfekten Verhältnisse anzutreffen, hat es mich jedoch viele Reisen nach Norddeutschland gekostet. Immer wieder vereitelten Regen oder eine geschlossene, graue Wolkendecke meine Bemühungen.
Im Gegensatz zu vielen anderen Revieren der Welt existieren in der Ostsee kaum noch größere Gruppen einzelner traditioneller Schiffstypen, und es gibt überhaupt keine Boote oder Schiffe mehr, die noch in der Berufsschiffahrt oder Fischerei eingesetzt werden. Eigner sind heute fast immer Privatleute, Vereine oder Museen, die ihre Schiffe mit großem Engagement unter Segeln halten, um anhand der erhaltenen Exemplare zu zeigen, wie die Segelschiffahrt zur Jahrhundertwende betrieben wurde. Museumsvereine oder Interessengemeinschaften in Bremerhaven, Hamburg, Kiel, Kappeln, Flensburg und neuerdings auch an der Küste von Mecklenburg-Vorpommern pflegen diese Tradition, unter anderem mit der Veranstaltung von Oldtimer-Treffen wie der Flensburger Rum-Regatta. Hier trifft man auch viele Besucher aus dem benachbarten Dänemark. Wegen des rauhen Reviers und des Mangels an Häfen in der Nordsee sind in den Sommermonaten einige Segelschiffe an der Ostsee beheimatet, die eigentlich für einen Einsatz an der Westküste sowie im Revier Elbe, Weser und Ems gebaut wurden. Unter die wohlrestaurierten Klassiker mischen sich immer mehr Repliken, also historische Nachbauten, die, wollte man sie als Nachbauten erkennen, eines guten Auges bedürften.
Anhand der Klasseneinteilung bei der Rum-Regatta in Flensburg erhält man einen Eindruck von der Vielzahl der in Norddeutschland und Dänemark verbreiteten Typen. Unterschieden wird bei der Startfolge in: „Fischereifahrzeuge über 16 Meter Länge“ (Galeassen, Schoner, Haikutter), „Kutter von 10 bis 16 Meter Rumpflänge“, „Zeesenboote, Drivquasen“, „Lüttfischer bis 10 Meter Rumpflänge“, „Lütt-Lüttfischer, Kragejollen, Buttjollen, Schleikähne und offene Boote“, „Frachtschiffe über 20 Meter Länge“ (Galeassen, Schoner, Schonerbriggs, Brigantinen, Baltic Trader), „Frachtsegler unter 20 Meter Länge“ (Danske Jagten), „Plattbodenschiffe über 12 Meter Rumpflänge, Ewer und sonstiges Geflügel“, „Plattbodenschiffe unter 12 Meter Rumpflänge, Kleingeflügel“, „Dienstfahrzeuge“ (Zollkreuzer, Lotsenboote, Rettungsboote), „Besonders schnelle und modifizierte Repliken“, „Jugend-/Marinekutter“ und „Wikingerschiffe“.
In größerer Zahl existieren heute noch die einst für den Warenverkehr in der Ostsee gebauten sogenannten „Baltic Trader“ (Marstal-Schoner), hölzerne, zweimastige Segler von über 20 Metern Länge, die fast alle ihren Ursprung in Dänemark haben.
Von Elbe und Weser kommen hölzerne Handels- und Fischereiewer und -kutter, meist um die 20 Meter lang, deren Zahl in den letzten Jahren sehr angewachsen ist. Schließlich hat in den Boddengewässern Mecklenburg-Vorpommerns das Zeesenboot überlebt, ein bis zu 11,5 Meter langes, zweimastiges Fischerboot mit Spitzgattheck und Schwert, besonders geeignet für flache Gewässer. Den Zeesen ist alljährlich, Anfang September, in Bodstedt am Bodden eine eigene Veranstaltung gewidmet. Den Vereinen, die Museumshäfen wie in Hamburg-Oevelgönne oder Flensburg betreiben, geht es nicht ausschließlich um die Segelei. Ihr Ziel ist es, mit ihren Booten und Schiffen möglichst einen gesamten Abriß der Küstenschiffahrt des letzten Jahrhunderts zu geben. Deshalb bestehen auch keine Berührungsängste mit den „schwarzen Gesellen“, den kohlebefeuerten und dampfgetriebenen Oldtimern. Dazu gehören die mächtigen Dampfeisbrecher WAL und STETTIN, verschiedene Dampfschlepper oder der Ausflugsdampfer ALEXANDRA.
Auf dem Bild rechts der imposante, 1928 an der Elbe gebaute, 30 Meter lange Hochseekutter PRÄSIDENT FREIHERR VON MALTZAHN. Das Fischereizeichen „HF“ steht für Hamburg-Finkenwerder. Das Schiff war ein Wrack, als es 1983 für den Betrag von 5000 Mark vom Museumshafen Oevelgönne erworben und auf der Behrens-Werft in Finkenwerder restauriert wurde.

HF. 294.

Ruth
10

Vorhergehende Doppelseite: Die rassigen Linien des Schoners Valdivia lassen die Herkunft des 1868 gebauten Schiffes erahnen. Der Zweimaster entstand nach dem Vorbild eines Neufundlandschoners und wurde 1868 in Stockholm gebaut. Im Laufe seines langen Lebens wurde er als Zollkutter und Rennyacht eingesetzt. 1976 erfuhr der völlig heruntergekommene Segler eine vollständige Restaurierung.
Auch die Ruth war ein Wrack, bevor sie 1980 überholt wurde. Dabei handelt es sich um einen 1917 in Århus gebauten Wadenkutter vom Typ Hai, auch Haikutter genannt. Dieser sehr seetüchtige Typ wurde zumeist in der Nordsee für den Fischfang eingesetzt. Die Dagmar Aaen des Eismeerseglers Arved Fuchs zum Beispiel ist ebenfalls ein Haikutter. Mit ihr durchsegelte Fuchs 1994 als erster Deutscher ohne fremde Hilfe die Nordwest-Passage, den Seeweg nördlich von Kanada.
Klüver, Fock, Gaffelgroßsegel - das ist die typische Kutterbesegelung. Die Greta auf dieser Seite links oben wurde 1904 für den Fischfang auf der Unterelbe gebaut und ging dieser Arbeit, unter verschiedenen Eignern, bis 1963 nach. Dann gab es kaum noch Fische in der Elbe, und das Schiff rottete vor sich hin, bis 1983 unter dem heutigen Eigner die Renovierung auf einer dänischen Werft abgeschlossen wurde.
Die Ruth auf dem Foto darunter noch einmal zu sehen, ist für die Nordsee-Fischerei gebaut. Der stäbige Rumpf des Haikutter-Typs läßt die Seetüchtigkeit ahnen.
Als Dampfeisbrecher wurde 1933 die Stettin bei den Stettiner Oderwerken gebaut, die auf dem Bild unten rechts zu sehen ist. Ihre 3-Zylinder-3-fach-Expansionsmaschine leistet 2200 PSi für maximal 13 Knoten Geschwindigkeit. Heimathafen der Stettin ist Hamburg, im Sommer sieht man das Schiff bei Gästefahrten meist vor Kiel oder Travemünde.
Rechts sehen wir, halb verdeckt im Hintergrund, die Brita Leth, einen typischen Baltic Trader. Sie ist ein hölzerner, 1911 in Svendborg gebauter Ostsee-Schoner. Der Zweimaster erhielt kürzlich einen Preis als bestrestauriertes Segelschiff und wird heute von seinem Heimathafen Århus aus in der Jugendsozialarbeit eingesetzt.
Im Vordergrund zeigt noch einmal Valdivia ihre eleganten, schwungvollen Linien. Mit ihrem yachtartigen Rumpf und der großen Segelfläche ist sie den für den Warentransport bauchig geformten Baltic Tradern bei der Flensburger Rum-Regatta natürlich überlegen.

Deutschlands nördlichste Stadt, das an einer tiefen Einbuchtung der Ostsee gelegene Flensburg, hat eine große Tradition als Handelshafen. Berühmt wurde sie für den Import ostindischen Rums; bedeutende Unternehmen versorgen das Land noch heute von Flensburg aus mit dem klassischen Seefahrer-Getränk. Durch das geschützte Revier und den Rückgang des Güterverkehrs bot sich der Hafen als idealer Liegeplatz für historische Schiffe an. Die maritime Nostalgie wird von den Stadtvätern unterstützt, der neu eingerichtete Museumshafen bietet vielen alten Schiffen eine neue Heimat. Seit 1989 kommen alljährlich im Mai rund 100 ehemalige Berufsfahrzeuge von Nord- und Ostsee nach Flensburg zur Rum-Regatta, dem größten internationalen Gaffelseglertreffen in Nordeuropa.

Zu den regelmäßigen Besuchern gehört zum Beispiel der Heringslogger BV 2 VEGESACK, unten; („BV“ steht für Bremen-Vegesack). Das 20 Meter lange Schiff, 1895 beim Bremer Vulkan in Eisen gebaut, wurde für die Fischerei im Atlantik östlich von Schottland eingesetzt. Umgebaut als Frachtschiff mit Motor, war der einstige Logger später in der Küstenfahrt eingesetzt, bevor er 1980 in Hamburg nach den ursprünglichen Plänen restauriert wurde.
Heute liegt die VEGESACK wieder an der Weser. Sie befindet sich im Besitz des Vereins „Maritime Tradition Vegesack Nautilus“. Ihre Abmessungen: Länge über alles 35,40 m, Breite 5,40 m, Tiefgang 2,20 m, Segelfläche 430 m². Das Schiff beeindruckt nicht zuletzt durch seine außerordentlich harmonischen Linien.

Alter und Vergangenheit der Galiot Concordia (oben) konnten bis heute nicht vollständig recherchiert werden. Vermutlich handelt es sich bei dem kleinen Zweimaster um ein Fischereifahrzeug der Boddengewässer, das in der zweiten Hälfte des 19. Jahrhunderts gebaut und in den zwanziger Jahren mit einem Motor nachgerüstet wurde. Die Restaurierung des stark heruntergekommenen Rumpfes wurde unter den schwierigen Bedingungen der DDR-Planwirtschaft in privater Initiative vorgenommen. 1985 war der 17,50 m lange Boddenkutter wieder schwimmfähig. Er trägt heute 107,5 m^2 Segelfläche.
Liebevoll restaurierte Details auf dem Finkenwerder Kutter Präsident Freiherr von Maltzahn (links) und der Vegesack (unten).

Oldtimer-Regatten wie die Rum-Regatta werden dominiert von Gaffelsegeln: Eine Gaffeltakelung trägt die 1949 im vorpommerschen Barth in Eiche gebaute Galeass ALBIN KÖBIS *(oben). Die* JOHANN EHLERS *(unten links) ist ein Neubau aus dem Jahre 1983. Die Werft Hatecke in Freiburg an der Elbe baute den Zweimaster nach dem 100 Jahre alten Linienriß eines Neufundlandschoners, allerdings stark verkleinert. Das heute in Brunsbüttel stationierte Schiff gilt als das schnellste der Traditionsflotte.*
In auffallend roter Rumpffarbe präsentiert sich der Bojer ALTE LIEBE, *ein Plattbodenschiff mit Seitenschwertern (unten rechts).*
Rechte Seite: Als Schulschiff des Deutschen Jugendwerks zur See „Clipper" wird heute der Dreimast-Gaffelschoner AMPHITRITE *(oben) genutzt, 1887 bei Camper & Nicholson in Gosport als Privatyacht gebaut; 42 Meter lang, mit 534 m² Segelfläche. Das Baumaterial ist Teakholz. Heimathafen der* AMPHITRITE *ist im Sommer Travemünde und im Winter Bremen.*
Links darunter der Besanewer HEINRICH, *ein eiserner Frachtsegler der Unterelbe, gebaut 1910 bei Sietas. Mit Schiffen dieser Art wurde einst der Kleinhandel - Obst, Gemüse, Dünger, Getreide - auf der Elbe transportiert. 1986 konnte eine vollständige Renovierung beendet werden. Rechts daneben eine Aufnahme der* VEGESACK *von vorn.*

TS
G121

ALEXANDRA

Als Ausflugsdampfer auf der Flensburger Förde entstand 1908 die Alexandra, die von einem Förderverein unterhalten wird. Das Schiff ist 33,6 m lang, 7,2 m breit und mit einer Geschwindigkeit von 12 Knoten für eine Dame dieses Alters recht flott (oben links).
Links unten die Rosinante, ein holländisches Plattbodenschiff vom Typ „Aak“, 1909 in Moerdijk in Stahl gebaut.

Die Aak transportierte um die Jahrhundertwende Sand, der, vom Grund der Flüsse gewonnen, für den Bau benötigt wurde. 1979 erhielt das in Hamburg beheimatete Schiff den Preis für die beste Restaurierung.

Die Brigitte (Mitte) ist eine 1957 in Dänemark gebaute, heute in Hamburg beheimatete Galeasse von 22,65 m Länge. Sie war in der Fischerei auf der Doggerbank und vor Grönland eingesetzt. Seit der Überholung in den Jahren 1981 bis 1983 ist die Galeasse in der Jugendarbeit eingesetzt, Heimathafen Hamburg.
Auch eine Galeasse ist die Bellis (oben rechts), allerdings schon 1924 in Dänemark als Skagen-Fischkutter gebaut. 1980 konnte mit der Restaurierung begonnen werden, Heimathafen Flensburg. Albatros heißt der hölzerne Dreimast-Toppsegelschoner, der 1942 in Dänemark gebaut wurde, ein typischer Küstensegler der Ostsee, heute Schulschiff (darunter).

CK 145
CK 145

Die schwarzen Rümpfe der Baltik-Schoner sind seit 100 Jahren in Flensburg zu Hause (linke Seite), die Austernsmack Betty of Colchester, gebaut 1906, ist eigentlich in England beheimatet (linke Seite oben). Typische Besucher der Rum-Regatta: der Kutter Aurora von Altona (links und rechts oben), 1934 in Rügenwalde gebaut, der Büsumer Krabbenkutter Fahrewohl aus dem Jahre 1912 (Mitte links) und der Southampton-Kutter Ylva, 1934 in Stockholm als Privatyacht gebaut und heute als Segelschulschiff von Kiel aus im Einsatz (links unten). Rechts unten: Vorschiff des Finkenwerder Hochseekutters Präsident Freiherr von Maltzahn.

Vorhergehende Doppelseite: Die Zeesbootregatta im mecklenburg-vorpommerschen Bodstedt ist die einzige Traditionsveranstaltung, die auch schon zur Zeit der DDR große Mengen von Besuchern anzog. Die unterschiedlich rot und braun gefärbten Segel schaffen einen maritimen Hintergrund.
Die Hochzeit der Zeesenboote (plattdeutsch Zeesboote) zog sich über mindestens ein Jahrhundert hin. Das Zeesenboot wurde meist von einem Fischer und seinem Knecht gefahren. Die Zeese ist ein Schleppnetz, welches durch zwei Driftleinen offen gehalten wird, die am Bug und Heck des Zeesenbootes befestigt sind. Unter Segeln, fast quer zum Wind liegend, treibt das Boot dahin. Aal, Hecht, Barsch, Zander und Dorsch bleiben im Netz hängen.

Viele der überlebenden Zeesenboote wurden in der DDR von privaten Eignern unter großen Schwierigkeiten und mit viel Improvisationstalent zu Fahrten- oder Regattabooten umgebaut. Der robuste, meist geklinkerte Spitzgattrumpf mit der handigen Segeleinteilung eignete sich dafür in idealer Weise. Die G*rete, die wir auf dieser Seite oben sehen, ist ein typisches Beispiel dafür. Das Schiff, 1938 gebaut, ist in Bodstedt beheimatet.*
Regatten wurden mit Zeesenbooten nachweislich schon 1909 gesegelt. Im flachen Saaler Bodden, hinter Fischland und Darß, dem Zentrum der Zanderfischerei und der Zeesenbewegung, hat man diese Tradition bis zum heutigen Tage beibehalten. Mehr als 30 unterschiedlich gut erhaltene Boote segeln heute noch.

Die politische Wende in der DDR hat für die Eigner von Zeesenbooten doch allerlei Erleichterungen gebracht, besonders, was die Ausrüstung ihrer Schiffe betrifft. Am deutlichsten wird dies sichtbar am Lack und an den Segeln aus Kunststoff. Auch der Regattasegelei kommen diese Hilfsmittel zugute. Einen gepflegten Eindruck hinterläßt zum Beispiel die HOLZERLAND *(oben), eine 1928 in Barth gebaute Zeese von 10,70 m Länge. Der flache, geschwungene Rumpf mit dem niedrigen Freibord ist typisch für Zeesenboote. Auch hoch am Wind kommen die Boote gut voran, wie die schwarze* DE KAMPER *zeigt, mit 9 m Länge eines der kleineren Boote (links). Nach der Regatta wird es im Hafen von Bodstedt eng (rechts).*

KI

VIKING

Vorhergehende Doppelseite: Geschwindigkeit und Seetüchtigkeit sind Voraussetzungen für den Bau eines Zollkreuzers. Die VIKING ist so ein Behördenfahrzeug, das 1897 im dänischen Odense als schnellsegelnde „Jagt" gebaut und bis 1904 zur Bekämpfung des Küstenschmuggels eingesetzt wurde. Seit 1917 ist die VIKING Privatyacht und befindet sich in hervorragendem Pflegezustand. Ihr Liegeplatz ist Svendborg.

Die dänische Jagt FAUNA wurde 1935 in Nyborg gebaut und bis 1973 als Fischerboot eingesetzt. Danach ging der kleine Segler in die Hand eines Privateigners über, der die FAUNA neu besegelte und gründlich überholte.

Im gleichen Jahr wie die FAUNA entstand in Esbjerg an der Nordsee der Haikutter PLATESSA VON ESBJERG (oben, links). Der Eiche auf Eiche gebaute Rumpf, der erst später einen Motor erhielt, war bis 1981 in der Nordseefischerei eingesetzt und verwahrloste unter verschiedenen späteren Eignern, bis sich ein neuer Besitzer fand, der den Kutter 1988 in siebenjähriger Restaurierungsarbeit als Gaffelketsch wiederherstellte.

Heute gehört die PLATESSA (Goldbutt) dem Verein „Lebensgemeinschaft Eiderdrift", der sich auf sozialpädagogischem Gebiet engagiert.

Im Hintergrund ist der Dreimast-Bramsegelschoner ACTIV zu erkennen, 1951 in Svendborg als Motorfrachter erbaut und 1978-80 zur Schoneryacht umgebaut.

D'OLLY (links) ist ein im dänischen Rudkøbing beheimateter Colin Archer-Fischkutter aus dem Jahre 1919.

Ein typischer Ostsee-Schoner ist die 1899 in Vejle gebaute MARTHA. *Die runde Bugform und das platte Heck mit dem in Davits hängenden Beiboot sind in Dänemark ein vertrauter Anblick (oben). Als Marstal- oder Svendborg-Schoner wurden die hölzernen Segler noch bis nach dem Zweiten Weltkrieg zu Hunderten, wenn nicht zu Tausenden gebaut. Sie bilden noch heute die größte einheitliche Gruppe lokaler Schiffstypen. Ursprünglich als reiner Segler konzipiert, veränderte sich nach dem Einbau eines Motors der Einsatz des Küstenseglers* MARTHA, *bis 1971 mit der Restaurierung begonnen wurde. Nicht nur historische Segler, sondern auch die Bewahrung der Seemannschaft gehören zu einer Oldtimer-Veranstaltung – die Musik nicht zu vergessen.*

HANNE MUNK heißt das 1920 am Limfjord gebaute und als Kutter getakelte Fischereifahrzeug (Lärche auf Eiche), auch als „Belt"- oder „Sundboot" bekannt. Das 13 m lange Schiff war lange außer Dienst gestellt und eigentlich nur noch ein Wrack, als es von seinem heutigen Eigner entdeckt und in Eigenarbeit wieder instandgesetzt wurde. Neuer Heimathafen ist Kappeln an der Schlei (oben).

Der 50 m lange Dreimast-Toppsegelschoner ELSE DOROTHEA BAGER gilt als einer der am besten restaurierten und zugleich schnellsten Baltic-Schoner. Auch er stammt von der berühmten Werft Ring-Andersen in Svendborg und war zeitweilig in der Grönlandfahrt engagiert. Heute ist er als Charterschiff für Passagiere in Nord- und Ostsee eingesetzt (unten links).

VELA AL TERZO

Die Gewässer rund um die Lagunenstadt Venedig sind flach, und besonders im Sommer ist mit Wind kaum zu rechnen. Die Fischerei- und Arbeitsfahrzeuge dieser Region müssen diesen Umständen Rechnung tragen. So ist dort ein Bootstyp entstanden, der sich in den letzten 300 Jahren kaum verändert hat und sich rein äußerlich in wesentlichen Punkten von den anderen Boots- und Schiffstypen in diesem Buch unterscheidet. Die Arbeitsboote Venedigs und der Küste von Istrien, die unter dem Oberbegriff „Vela al Terzo" zusammengefaßt werden, haben weder einen Kiel noch ein Schwert noch Seitenschwerter: Diese Funktionen werden von einem überdimensionierten Ruderblatt übernommen, das am Heck hängt.
Der Hauptantrieb ist ein Luggersegel, dessen Hauptmast im achteren Viertel des Rumpfes steht. Ein wesentliches Antriebsmittel sind bei den kleineren Typen Riemen, die im „Gondel-Stil" über Kreuz, mit dem Gesicht zur Fahrtrichtung, bedient werden.
Der Begriff „Vela al Terzo", übersetzt etwa „Segel auf einem Drittel", soll sich auf die Befestigung des Klau-Falls beziehen, mit dem die Gaffel des Luggersegels, „Antenea de Sora" genannt, ursprünglich etwa auf ein Drittel Gaffellänge gesetzt war. Im 17. Jahrundert existierte bereits eine große Flotte dieser Vela al Terzo. Die kleineren dienten dem Fischfang in der Lagune und dem Transort durch die Kanäle Venedigs, die größeren Typen, wie „Tartane" und „Bragozzi", wurden für die Hochseefischerei und im Küstenverkehr eingesetzt. Die Tartana war mit 16 bis 21 Metern Länge der größte Typ. Im 19. Jahrhundert fischten diese kräftig gebauten Zweimaster einzeln, im Gespann oder sogar in ganzen Geschwadern bis unter Albaniens Küste.Gegen Ende des Jahrhunderts wurde die schwere, teure und mit großer Besatzung fahrende Tartana unwirtschaftlich und von der Bragozzo abgelöst.
Die Bragozzi waren äußerlich von der Tartana kaum zu unterscheiden, mit einer Länge von etwa 9 bis 16 Meter jedoch deutlich kürzer. Sie fischten mit Schleppnetzen. Wegen des fehlenden Kiels und des geringen Tiefgangs besaß auch dieser Typ ein Ruder mit großer Fläche, das wesentlich tiefer ging als der Rumpf und half, die Abdrift zu vermindern. Mit Hilfe einer am Großmast angeschlagenen Talje konnte es aufgeholt werden. Viele Boote hatten ihren Heimathafen in Chioggia, im Süden der Lagune.
Bis heute überlebt haben allerdings nur die kleineren, einmastigen Typen, die sich „Topo", „Topetta", „Sanpieròta" und „Sàndolo" nennen. Im Gegensatz zu den plump wirkenden Hochseebooten haben Boote wie die Topo einen sehr schlanken Rumpf, einen scharf geschnittenen Steven, und zu dem Luggersegel wird eine Stagfock gesetzt. Während die großen Segler damals vollständig aus Eichenholz gebaut wurden, wählte man für die kleinen Boote Lärchenplanken auf Eichenspanten. Im Jahre 1988 haben sich die letzten Eigentümer dieser klassischen venezianischen Bootstypen formiert und mit der „Associazione Vela al Terzo" einen Interessenverband gegründet, der sich nicht nur um die Wiederherstellung und Pflege der Boote kümmert, sondern auch eine Reihe von Regatten veranstaltet. Darüber hinaus sieht man die Vela al Terzo als Freizeitboote am Wochenende und in der Ferienzeit. Die Lagune von Venedig mit ihren vielen unbewohnten Inseln und dem Reichtum an Seevögeln ist dafür ein ideales Revier. Auf dem Bild rechts segelt die Topo Iolanda aus Chioggia bei dem für die Sommersaison üblichen leichten Wind. Am Heck sind noch das Blatt eines Ruderriemens und für den Notfall, nicht ganz stilgerecht, ein Außenbordmotor zu erkennen.

Vorhergehende Doppelseite: Typisch für die Lagune von Venedig sind diese Boote, die hier vor dem Palazzo Ca' d'Oro (rechts), einem glanzvollen Beispiel venezianischer Gotik, am Canal Grande und dem Markusplatz vorbeikommen. Sie nehmen an der „Sail Venice“ teil, einer Segelveranstaltung, die alljährlich in der ersten Maiwoche stattfindet. Das Segel mit dem Mond und den Sternen gehört zu der Topetta L*UNARDA*. *Ihr Eigner hat bereits zu den Ruderriemen gegriffen. Dahinter liegt die* M*IRCO*, *eine Topo aus Chioggia. Die Vela al Terzo sind schon von weitem wegen ihrer bunten Segel auszumachen. Heute werden moderne Kunststoff-Fasern mit den überlieferten Farben und Figuren dekoriert. Früher bestanden die Segel aus Baumwolle, die mit natürlichen Pigmenten eingefärbt wurden, hauptsächlich in Ocker. Danach wusch man sie in Salzwasser, was für eine besonders gute Haftung der Farbe im Segel sorgte. Die Topo aus Chioggia ist am weitesten verbreitet, die Topo aus Venedig, heute selten geworden, erkennt man an ihrem teilweise eingedeckten Rumpf, sie ist zudem schmaler und hat weniger Freibord. Ursprünglich waren Topi nicht gemalt, erst in den letzten 20 Jahren hat sich eine dekorative Bemalung des Rumpfes eingebürgert. Das Bild auf dieser Seite oben zeigt die Topetta* L*UNARDA*. *Unten zwei Boote hoch am Wind.*

FOLEGA, eine Topo aus Venedig, segelt mit „Vela de redosso“, das heißt auf einem Bug, bei dem der Wind das Luggersegel gegen den Mast drückt. Auf dem anderen Bug segelt es sich besser, die Venezianer nennen den günstigeren Kurs daher „a la bona“ (Foto oben). Auf dem Bild darunter haben vier Topi und eine Sanpieròta geankert und warten auf den Wind. Sonnensegel spenden etwas Schatten. Die Sanpieròta oder Sàndolo Sanpieròta, die wir auch bei einer Tonnenrundung auf dem rechten Bild sehen, dienten nicht der Netzfischerei sonden dem Harpunieren. Ihr Name leitet sich von dem Ort San Piero auf der Insel Pellestrina ab. Folgende Doppelseite: Die Topi ZUECA und GEGIONA beim Luvkampf.

D·L
Zueca

Gegiona

SKÛTSJES

Zu den weitaus ältesten traditionellen Arbeitsseglern der europäischen Binnen- und Küstengewässer gehören die holländischen Plattbodenschiffe. Vorläufer der „Kuffs", „Botter" und „Tjalken" mit der charakteristischen kurzen, gebogenen Gaffel, dem langen Großbaum, dem runden Steven und den ohrenförmigen Seitenschwertern finden sich auf den meisten Seegemälden holländischer Meister seit dem 17. Jahrhundert.
Die „Skûtsjes" sind ein kleiner Tjalktyp. Der Name bedeutet übersetzt „kleine Schute", und in dieser Eigenschaft sorgten die robust und einfach gebauten Segler noch bis weit ins 20. Jahrhundert hinein für den Transport von lokalen Gütern über das IJsselmeer und die flachen Kanäle West- und Nordfrieslands. Bis zu 50 Tonnen Kartoffeln, Heu, Mist oder Torf nahmen die Rümpfe auf. Die Entwicklung dieser Schiffe ist weitgehend durch das Revier bestimmt: Ein sehr geringer Tiefgang bei gleichzeitig großer Tragfähigkeit wird durch einen kiellosen, platten Boden erreicht, der fast bis an die Enden die volle Breite behält. Bug und Heck sind sehr rund, das Heck ist auch im Unterwasserschiff völlig. Ihre Länge überschreitet selten 20 Meter; mehr wäre wegen den engen Biegungen der Kanäle auch nicht sinnvoll. Der Mast läßt sich leicht legen, um unter den vielen Brücken hindurchzuschlüpfen.
Dank ihres flachen Unterwasserschiffes und ihrer großen Segel sind die ein wenig plump - eben schutenartig - aussehenden, aus Stahl gebauten Skûtsjes recht gute Segler. Fehlte der Wind oder war in den schmalen Kanälen kein Kreuzen möglich, dann wurden die Boote getreidelt, das heißt, vom Ufer aus geschleppt.
Die kleineren Skûtsjes mit etwa 30 Tonnen Nutzlast tragen bis zu 120 m² Segelfläche, die größeren, mit 50 Tonnen, rund 160 m² Segelfläche. Das ist in einem Revier, das in der Zugrichtung der Nordseestürme liegt, wirklich eine Menge Tuch, und es kann durchaus vorkommen, daß Skûtsjes kentern.
Schon in der alten Zeit galt: Wer zuerst kommt, mahlt zuerst. Je schneller ein Skûtsjes-Skipper seine Ladung ablieferte, desto eher war mit einer neuen Ladung zu rechnen. So entwickelte sich bald ein natürlicher Wettbewerb, der an Feiertagen ausnahmsweise auch sportlichen Charakter annahm und schon damals zu ersten Regatten führte.
Nach dem Ende des Zweiten Weltkrieges verschwanden die Skûtsjes langsam aus den Häfen bzw. verloren ihren Mast und wurden umgerüstet auf Motorantrieb. Traditionsbewußten Niederländern war bald klar: Es muß etwas unternommen werden, um die Skûtsjes vor dem Aussterben zu retten.
In verschiedenen Orten wurden Stiftungen gegründet, die die letzten Skûtsjes aufkauften und renovierten und Regatten organisierten. 14 historische Skûtsjes segeln zur Zeit um die Meisterschaft.
Heute gehören die Skûtsjes-Regatten, alljährlich im Juli oder August ausgetragen, zu den größten friesischen Festveranstaltungen. Sie ziehen sich über 14 Tage hin und locken Tausende von Zuschauern an.
An der Pinne sitzen die Nachfahren der berühmten Schifferfamilien mit Namen wie Zwaga, Meeter, Brouwer, van der Meulen, van Akker, und sie kennen kein Pardon, wenn im wörtlichen Sinne des Wortes auf Biegen und Brechen um den Sieg gekämpft wird. Insgesamt werden in den beiden Festwochen elf Regatten in verschiedenen Orten der Provinz Friesland ausgerichtet. Als Revier zählt also nicht nur das wilde IJsselmeer, sondern beispielsweise auch das Sneekermeer oder die besonders schmalen Wasser von Eernewoude, wo ich gewesen bin.
Bevor ein Skûtsje an den Start geht, wird die gesamte „Inneneinrichtung" an Land geschafft: Tische, Stühle, Ofen, Geschirr, Polster, Frau und Kinder kommen an Land. Dadurch werden die Boote nicht nur leichter, es gibt im Falle einer Kenterung auch weniger aufzuräumen ...
Natürlich sind moderne Hilfsmittel wie Winschen, Hydraulik oder Kunststoffblöcke verboten, hier hilft nur die reine Manneskraft der zwölf Crewmitglieder. Während der Regatten wird geflucht und geschimpft, es gibt Kollisionen und Kenterungen – und schließlich einen Meister.

J

H

Vorhergehende Doppelseite: Auch auf der Zugbahn der Nordseestürme herrscht manchmal Flaute, und die Boote kommen trotz ihrer gewaltigen Segelfläche schlecht voran. Bei achterlichem Wind haben die Crews die Vorsegel ausgebaumt. Bei der Größe des Tuchs sind dafür zwei Spieren nötig. Die verschlungenen Buchstaben „ML" im Segel stehen für den Heimathafen Huizum, Leeuwarden und den Skipper Lodewijk Meeter. Auf den Fotos dieser beiden Seiten sind verschiedene Regattaszenen bei leichtem Wind zu sehen, und man kann gut erkennen, daß moderne Hilfsmittel wie Winschen nicht zugelassen sind. Schon bei Flaute ist das Trimmen der Segel eine schweißtreibende Angelegenheit. Die Buchstaben in den Segeln geben Auskunft über die Herkunft der Skûtsjes und ihrer Skipper. H steht für Heerenveen (Tjitte Brouwer), J für Joure (Anne Tjerkstra), E für Eernewoude (Jeen Zwaga) und B für Bolsward (Siete Meeter).
Folgende Doppelseite: In der Regatta wird hart zur Sache gegangen, und der Skipper in Lee zeigt mit erhobenem Zeigefinger, was er von der Situation hält. Einige der Regatten werden sehr dicht unter Land ausgetragen, zum Beispiel hier in Eernewoude, und deshalb bietet sich für die große Zahl von Zuschauern an Land ein schönes Spektakel. Eine kleine Ramming können die stählernen Skûtsjes ganz gut ab.
Wanten und Wantenspanner des vorn im Bild liegenden Bootes machen im Gegensatz zu allen anderen Beschlägen einen recht modernen Eindruck.

BARCOS RABELOS

Portugal gehört zu den großen seefahrenden Nationen der Geschichte und legte mit seinen Entdeckungsreisen den Grundstock für einen aus vielen Gegenden der Welt zusammengetragenen unermeßlichen Reichtum. Zu Portugals bedeutendsten eigenen Exportartikeln gehört der berühmte Portwein.
Im Norden des Landes mündet der Rio Douro in den Atlantik. An seinen Ufern, die von den Hügeln steil zum Wasser hin abfallen, wachsen auf unzähligen Terrassen die für den Portwein verwendeten Trauben. Der Einschnitt des Rio Douro zieht sich bis weit nach Spanien hinein. Genauer besehen hat Portugal nur einen kleinen Anteil an diesem Fluß. Aber gerade dieser Abschnitt mit seinen kleinen Weindörfern und idyllischen Hängen ist so typisch für den Anbau des Portweins und bietet dafür die besten klimatischen Voraussetzungen.
An der Mündung liegen die beiden vom Fluß getrennten Städte Porto und Vila Nova de Gaia, die nur durch eine Reihe spektakulärer Brücken miteinander verbunden sind. Die Hafenstadt Porto ist das kommerzielle Zentrum der Region. Im ruhigen Vila Nova de Gaia hingegen befinden sich die riesigen Weinkeller der verschiedenen Portwein-Exporteure. Um die richtige Farbe und den entsprechenden Geschmack des Portweins zu gewährleisten, wird er noch heute in großen Eichenfässern gelagert.
Stromaufwärts verengt sich das Flußbett und windet sich in vielen Krümmungen. Jahrhundertelang gab es nur ein Fahrzeug, das dieses schwierige Revier befahren und die Verbindung zu den höher gelegenen Weinanbaugebieten aufrechterhalten konnte: die „Barcos Rabelos“. Stromaufwärts transportierten diese Boote Waren aller Art und auch Passagiere, flußabwärts stapelten sich an Deck Portweinfässer.
Die Navigation auf dem Fluß war äußerst problematisch. Strudel, Stromschnellen, Felsen und Steine unter und über Wasser sorgten für eine ständige Gefahr, und erst im Laufe der Zeit wurden die schlimmsten Schiffahrtshindernisse aus dem Wege geräumt oder mit Warnzeichen versehen. Um diesen Gefahren zu widerstehen, ist ein außerordentlich robuster Schiffstyp vorteilhaft, mit runden Formen und geringem Tiefgang. Tatsächlich wurden die Boote hart mitgenommen und bedurften ständiger Reparaturen. Das Risiko, zu kentern oder zu sinken, war so groß, daß die Portweinfässer beim Transport über den Fluß nur halb gefüllt wurden, so daß sie notfalls auch schwimmen konnten.
Die Barcos Rabelos tragen ein einziges Rahsegel und haben mit ihrem spitzen Vor- und Achterschiff und dem geklinkerten Rumpf ein wenig Ähnlichkeit mit Wikingerschiffen. Ungewöhnlich ist die Position des Rudergängers. Er steht auf einem hohen kastellartigen Podest und steuert das Boot mit einem aus Olivenholz gefertigten überlangen Ruder, wie man es von den Flößern her kennt. Der erhöhte Ruderstand ist wichtig, damit der Steuermann über die in mehreren Lagen übereinandergestapelten Portweinfässer hinwegsehen kann.
Foto rechts: Alljährlich im Sommer findet, anläßlich des Sao Jaõ-Festes, eine große Regatta der Barcos Rabelos statt. Das Fest wird auf beiden Seiten des Flusses gefeiert. Der Start ist bei der Brücke D. Louis I., und organisiert wird die Regatta von den Weinhändlern, der „Confraria do Vinho do Porto“, die sich für eine gleichbleibend gute Qualität des süßen Weins verantwortlich fühlen.
Damit soll an die Rolle erinnert werden, die diese Boote im Laufe der Geschichte gespielt haben und an den Mut sowie die Geschicklichkeit der Männer, die sie auf dem Fluß führten. Denn ohne sie wäre der Portwein sicher nicht so berühmt wie er heute ist.
Folgende Doppelseite: Barcos Rabelos bei ihrer alljährlichen Regatta auf dem Rio Douro vor dem Stadtpanorama von Vila Nova de Gaia.

NHIA VELHA
P 74AL

18
ISRAEL JORGE

VIA D'OURO
NTA DOS MALVEDOS
GRAN CRUZ

Die Motive auf dieser Seite entstanden während der Regatta 1996. Dabei wird sehr gut deutlich, welcher Kraftaufwand für die Bedienung des Ruders nötig ist. Bei der Konstruktion der Boote, die ihre heutige Form etwa seit der Jahrhundertwende haben, handelt es sich um eine sehr spezialisierte Art von Rumpf und Rigg, die ausschließlich für dieses Revier geeignet ist. Möglich sind nur Kurse vor dem Wind, denn ein Kiel oder gar Seitenschwerter fehlen. Flußaufwärts helfen die vom Atlantik her wehenden, thermisch beeinflußten Westwinde. Stromab läßt sich das Boot mit Hilfe des überlangen Steuerruders sehr gut manövrieren, gerade dann, wenn der Strom tückische Wendungen nimmt. Flößer verwenden ein ähnliches Ruder.

Das Boot unten auf der Seite gehört zu den kleineren Typen, üblich war eine Transportfähigkeit von bis zu 40 der riesigen Eichenfässer. Das Ruder (Foto unten), aus einem einzigen Stück Olivenholz hergestellt und an seinem Schwerpunkt aufgehängt, heißt „Espadela". Folgende Doppelseite: Die Barcos Rabelos wirken aus der Ferne ein wenig wie Wikingerboote, sowohl von der Rumpfform her als auch durch ihr rechteckiges Segel. Finanziert werden die Boote von den großen Weinhändlern und Exporteuren. Übernächste Doppelseite: Im warmen Licht der Abendsonne sind die Barcos Rabelos am Ufer verankert. Zwar haben diese Boote heute nur noch nostalgischen Wert, aber sie sind ein Teil der Geschichte auf dem Rio Douro.

1692
TAYLOR·FLADGATE & YEATMAN
OPORTO
TAYLOR'S
PORT

Established 1798
DOW'S
PORT

TA
SANDEMAN

CRUZ

THAMES BARGES

Die Themse-Mündung ist ein flaches, von vielen Buchten umgebenes und von Sänden durchsetztes Revier, das bei Ebbe in weiten Teilen trocken fällt. Es ist zudem ein außerordentlich geschäftiges Revier, denn an der Stelle, wo die Themse zum Fluß wird, liegt die Millionenstadt London mit ihrem ungeheuren Bedarf an Gütern aller Art. Über die Tiefwasserrinne kann London von Überseeschiffen angelaufen werden, die Waren aus aller Welt bringen. Um diese Waren aber in den kleineren Häfen entlang der Mündung und der englischen Südostküste zu verteilen und die Stadt mit regionalen Erzeugnissen wie Ziegeln, Stroh, Gemüse, Fisch, Sand, Zement und Steinen zu versorgen, bedurfte es eines äußert tragfähigen, gut mit kleiner Besatzung zu segelnden und flach gehenden Küstenschiffes. Aus diesem Bedürfnis heraus sind die sogenannten„Thames Barges“ entstanden, die Themse-Leichter, deren Ursprung bis ins frühe 17. Jahrhundert zurückzuverfolgen ist. Zweifellos haben die holländischen Flachbodenschiffe von der anderen Seite des Kanals dabei Pate gestanden. Um 1900 gab es noch rund 2000 Thames Barges in Südostengland. Erst die besseren Straßenverbindungen und der zunehmende Eisenbahn- und Autoverkehr, und schließlich die große Rezession in den dreißiger Jahren brachten diesen traditionellen Küstenschiffstyp langsam ins Hintertreffen.

Zuletzt waren Themse-Bargen nicht nur weit die ostenglische Küste hinauf und über die Nordsee gesegelt, kurz vor der Jahrhundertwende überquerten sechs dieser Schiffe sogar den Atlantik bis nach Südamerika. Den letzten heroischen Auftritt hatte die inzwischen sehr dezimierte Flotte im Juni 1940 bei der Evakuierung des britischen Expeditionskorps aus Dünkirchen. Dies spricht alles für die hervorragenden Segeleigenschaften der eher einfach gebauten Schiffe, deren Rumpf selten länger als 30 Meter war, bei einer Breite von sechs Metern. Der Rumpf ist schutenartig, jedoch mit einem scharfen, geraden Bug und einem geraden, herzförmigen Heckspiegel, der zumeist bunt bemalt ist. Die Barges haben keinen Kiel, doch hängen an der senkrechten Bordwand große Seitenschwerter. Am hohen, um eine Stenge verlängerten Großmast werden ein Sprietsegel, ein Toppsegel und eine Stagfock gesetzt. Das kleine Sprietsegel am Heck dient nur dazu, das Schiff beim Wenden gut durch den Wind zu bringen und das Manövrieren im Hafen zu unterstützen. Für das Passieren von Brücken sind die Masten leicht umlegbar, die Sprietstenge dient zugleich als Ladebaum. Selbst beladen haben große Thames Barges nur gut zwei Meter Tiefgang, leer weniger als einen Meter.

Das letzte Holzschiff wurde 1928 gebaut, die späteren Bargen hatten Metallrümpfe. Bis zum Beginn des Krieges war die Flotte auf rund 600 Boote geschrumpft, 1960 waren nur noch 200 in Fahrt, darunter nur wenige, die noch unter Segeln betrieben wurden. Immerhin haben bis heute etwa 100 dieser traditionellen Segler überlebt, von denen 25 noch fleißig gesegelt werden. Das letzte kommerziell genutzte Schiff, die Barge Cambria, wurde 1971 vom Maritime Trust erworben und restauriert. Sie ist im St. Catherine's Dock in London zu besichtigen.

Schon seit mehr als 100 Jahren werden mit den Thames Barges Regatten gesegelt. Man segelte aus dem Hafen hinaus um eine Wendemarke und zurück. Das siegreiche Schiff konnte sich sozusagen als Siegpreis den besten Platz in den Docks suchen und damit die lukrativste Ladung. Schon damals galt: Zeit ist Geld.

Auf der rechten Seite eine Aufnahme der Thames Barges Ethel Ada aus dem Jahre 1903 und der Ena aus dem Jahre 1906 mit ihren typischen dunkelrot gelohten Segeln. Sie nahmen am 35. „Pin Mill Barge Match“ im Juli 1996 teil.

Folgende Doppelseite: Dunkle Wolken ziehen auf, bald wird es einen kräftigen Schauer geben. Doch für die Thames Barge May aus Ipswich, 1891 in Harwick gebaut, ist die Regatta bald beendet. Gerade ist die letzte Wende eingeleitet, die Segel stehen bereits mittschiffs, und im Hintergund ist das Boot der Regattaleitung zu erkennen. May segelt in der Klasse A, in die die Barges mit Bugspriet eingeteilt sind.

ETHEL ADA

MAY
IPSWICH
MAY
IPSWICH
MAY
MAY
VII
V
V

Auf dieser Seite oben ist die GRETA, *1892 in Holz gebaut, mit der 1929 in Eisen gebauten Barge* REMINDER *bei einem Luvduell zu sehen. Das kleine Foto auf dieser Seite zeigt eine Barge beim Segelsetzen vor dem Start zum Match. Gesegelt wird ein Kurs auf dem Orwell River (an dessen Oberlauf Ipswich liegt), um zwei Wendemarken auf See hinaus und zurück ins Ziel.*

Rechts der Bug einer Thames Barge. Die Talje mit den beiden Blöcken am Steven dient dazu, den Mast zu legen, wenn sie beispielsweise eine Brücke passieren muß. Die einzige Brücke auf dem Orwell River ist allerdings hoch genug, um Barges passieren zu lassen.

Thames Barges wurden bis in die zwanziger Jahre in Holz - Pinie auf Eiche - gebaut. Für den Kielbalken, der innerhalb des Rumpfes verläuft, wurde auch Ulme verwendet. Die durch eine Achse verbundenen Seitenschwerter bestehen aus Eiche, mit Eisen beschlagen. Erst Ende der zwanziger Jahre begann die „Eisenzeit“. Das Rigg blieb über die Jahrhunderte nahezu unverändert, denn es war kaum noch zu verbessern. So wird das Großsegel im Hafen nicht geborgen, sondern mit Geitauen an den Mast gebunden. Üblicherweise reichte eine Besatzung aus Skipper und einem Schiffsjungen, um mit der riesigen Segelfläche klarzukommen. Auf dieser Seite links ist ein Steuerruder mit Kompaß zu sehen. Sie sind unmittelbar vor dem Besanmast angeordnet. Deutlich zu erkennen die grau lackierte Ruderwelle. Auf dem großen Bild darunter die Barges der Klasse A unmittelbar nach dem Start. Folgende Doppelseite: Die Thames Barge Cygnet stammt aus dem Jahre 1881, Heimathafen Harwich. Dahinter eine typische ostenglische Landschaft, wie man sie am Unterlauf des Orwell River findet. Übernächste Doppelseite: Ena beim Aufkreuzen. Eine Flotte moderner Regattayachten kommt ihr unter Spinnaker entgegengesegelt. Thames-Bargen sind eigentlich überall im Süden und Südosten Englands zu finden, wo Regatten gesegelt werden.

CYGNET
HARWICH
CYGNET

HARWICH

GBR 3680
GBR4613T
GBR 7012 N
ENA
IPSWICH

K4435

FRIENDSHIP SLOOPS

Wer eine Passion für hölzerne Traditionssegler hat, der wird auf einer Reise entlang der Küste des US-Staates Maine voll auf seine Kosten kommen. Er sollte sich für diese Reise Zeit lassen und den kurvigen kleinen Nebenstraßen entlang der Buchten folgen, wo sich die dichten Wälder im Wasser spiegeln. Gelegentlich fährt man durch hübsche, friedliche Dörfer, die sich irgendwie ähneln, denn in allen Häfen liegt eine Flotte von Hummerkuttern.
Auf den hohen hölzernen Piers, es gibt hier einen enormen Tidenhub, stapeln sich die Hummerkörbe. Die Fischerei ist in dieser Gegend seit jeher der wichtigste Wirtschaftszweig, und das ist auch einer der Gründe dafür, daß der Bootsbau an der Küste von Neuengland eine bedeutende Rolle spielt. Auf den vielen Werften wurden im vergangenen Jahrhundert die großen Fischerschoner gebaut, nicht wenige davon kreuzen heute noch durch die Inselwelt.
Einst hielten sie den Warenverkehr entlang der Küste aufrecht oder segelten hinaus zum Fischen auf die großen Bänke des Nordatlantik. Der Bau kleinerer Fischerboote war weniger eine Sache der Werften. Meist bauten die Fischer in den beschäftigungslosen Wintermonaten ihre kleinen Boote selbst. Im Sommer wurden sie dann zum Fischfang eingesetzt, im Herbst verkauft, und im Winter wurde ein neues Boot auf Kiel gelegt. Ohne große theoretische Grundkenntnissse und mit einfachem Handwerkszeug entstanden so außerordentlich stabile und seetüchtige Rümpfe. Aus dieser Tradition leiten sich auch die kleinen Slups her, die ihren Namen nach der neuenglischen Stadt Friendship erhielten, wo es besonders viele Segler dieses Typs gab. Es sind sehr schnittige Boote, mit viel Platz an und unter Deck, die hartem Wind und starkem Seegang einiges abzutrotzen vermögen und dabei außerordentlich flink sind. Bei den zuweilen schnell hereinbrechenden Stürmen war es lebenswichtig, notfalls sofort einen sicheren Hafen anzusteuern. Friendship Sloops sind aufgrund ihres charakteristischen Klipperstevens, des elliptisch geformten Hecks, des niedrigen Freibords und des hohen Vorschiffs sofort zu erkennen.
Man wollte, auch wenn es etwas mehr Arbeit kostete, nicht nur tüchtige, sondern auch hübsche Schiffe bauen.
Auf den Werften war es üblich, zunächst ein Halbmodell im Maßstab 1/2 oder 3/8 zu bauen, damit der zukünftige Eigner wußte, wie das Schiff aussehen würde. In der Regel entsprach die maximale Breite der Slup einem Sechstel der Gesamtlänge. Von dem Modell wurden die Linien abgenommen und maßstabsgerecht auf das Original vergrößert.
Das Holz zum Bau der Boote kam aus den dichten Wäldern des Hinterlandes: Eiche für den Kiel, Steven und Heck, ebenso für die Spanten - unter Wasserdampf gebogen -, und Yellow oder Red Pine für die Planken. Trotz der einfachen Handwerksgeräte war das Finish von besonderer Qualität, an Holz wurde nicht gespart, was die hohe Lebensdauer der Boote erklärt.
Im Winter lagen die Boote draußen. Traditionellerweise erhalten die Rümpfe der Friendship Sloop einen weißen Farbanstrich, die Decks sind hellbraun gestrichen, und die Masten aus Pine werden mit Leinöl gepflegt.
Urspünglich hatten die Friendship Sloops nur eine Länge von 16 bis 26 Fuß und verfügten lediglich über ein Gaffel- und ein Vorsegel sowie ein Schwert statt eines Kiels. Um die Jahrhundertwende kamen dann größere Schiffe dazu, bis zu einer Länge von 40 Fuß. Sie trugen nun Gaffelsegel, Fock, Klüver und einen Toppmast mit Toppsegel. Ein richtiger Kiel brachte mehr Sicherheit auf See. Statt Klinkerbeplankung entstanden die Rümpfe nun in Karweel-Bauweise.
Die Geschwindigkeit der Boote ist legendär, mit Ausnahme von Kursen hoch am Wind. Mit der Zeit dezimierte sich die Flotte von einstmals 1000 Booten bis auf wenige Exemplare. Seit 1961 aber gibt es eine Renaissance, ausgelöst durch eine Gruppe von Seglern, die sich der Traditionsboote annahm und ihre guten See-Eigenschaften wiederentdeckte. Die Besitzer von Friendship Sloops schlossen sich zu einer Interessenvereinigung zusammen. Heute werden die Schiffe zum Fahrtensegeln wie auch zum Regattasegeln verwendet.
Auf dem nebenstehenden Bild ist eine typische Friendship Sloop während der Boothbay-Regatta zu erkennen. Dunstige oder gar nebelige Tage findet man dort im Sommer häufig.

257

128
257
167

6
EASTWARD

ISLANDER

18
26
257

Die vorhergehende Doppelseite zeigt eine Flotte von Friendship Sloops, die bei sehr leichtem Wind auf den Start zur Regatta wartet. Auf dieser Doppelseite können wir ein wenig vom sommerlichen Leben und Treiben der Friendship Sloops an der Küste Neuenglands sehen. Alle Boote machen einen außerordentlich gepflegten Eindruck.

Auf der folgenden Doppelseite ein besonders schönes Exemplar dieser Klasse, die 1912 von Charles Morse gebaute CHRISSY. Die Länge über alles beträgt 29,8 Fuß und 25 Fuß in der Wasserlinie. Die größte Breite ist 9,4 Fuß bei fünf Fuß Tiefgang. Rund 550 sq. ft. Segelfläche (rd. $51 m^2$) werden am Mast getragen.

1949 war CHRISSY noch als Arbeitsboot im Einsatz, dann wurde sie erstmals gründlich überholt und die Eichenbeplankung gegen eine Red Pine-Beplankung ausgewechselt. Als Mitglied der Friendship Sloop Association ist sie heute ein erfolgreiches Regattaboot.

CHRISSY
CHRISSY

SCHIFFSREGISTER